呪術廻戦

12

渋谷事変
-降霊-

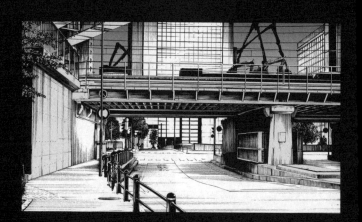

芥見下々

JUMP COMICS

呪術廻戦 人物紹介

呪術高専 一年
虎杖悠仁

負の感情から生まれ人々を死へと導く"呪い"と戦う為、両面宿儺の指を喰らい宿儺の器となった虎杖は、死ぬ前に全ての指を取り込むと決め、呪術高専へと編入した。10月31日、五条封印を目論む呪霊達が渋谷一帯を封鎖し"渋谷事変"が勃発する。一般人を盾にされながらも敵を圧倒する五条だったが、夏油の姿をした"何者"かにより獄門疆に囚われてしまう。虎杖はメカ丸の端末の指示で、高専側の行動を阻害する"帳"を守る呪詛師を倒すが、かつて五条をも苦しめた禪院甚爾の肉体が降霊術で蘇り!?

特級呪物
両面宿儺

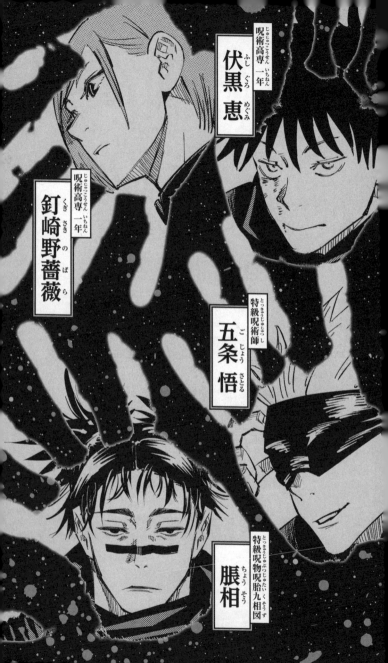

呪術高専一年
伏黒恵

呪術高専一年
釘崎野薔薇

特級呪術師
五条悟

特級呪物呪胎九相図
脹相

呪術廻戦

じゅじゅつかいせん

12

渋谷事変
-降霊-

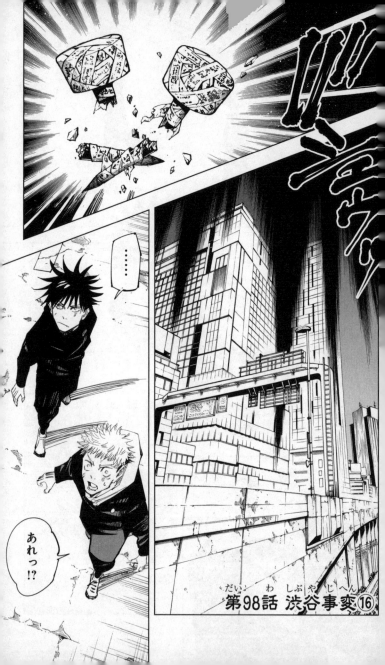

第98話 渋谷事変⑯

今上がったのって〝術師を入れない帳〟だけだよな？

猪野さんのと合わせて3つ壊したのに

3つで1枚の〝帳〟を降ろしてたか2つはダミーだったんだろ

22:04
首都高速3号渋谷線
Cタワー前

だがこれで術師は渋谷を自由に動ける

関係ないでーす

五条悟を閉じ込める帳
一般人を閉じ込める帳

このジジィに色々聞きたかったが起きそうにねぇし

猪野さんと合流して……

？

猪野さん!!

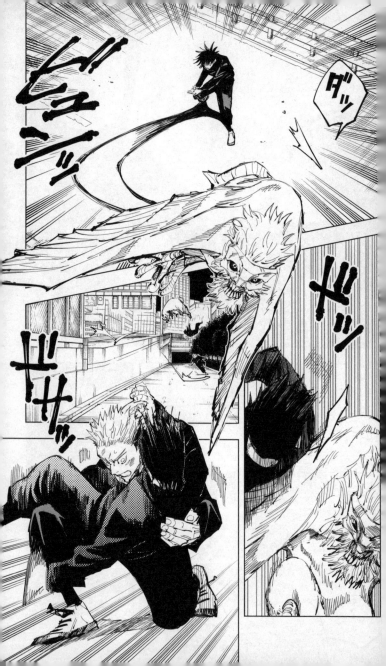

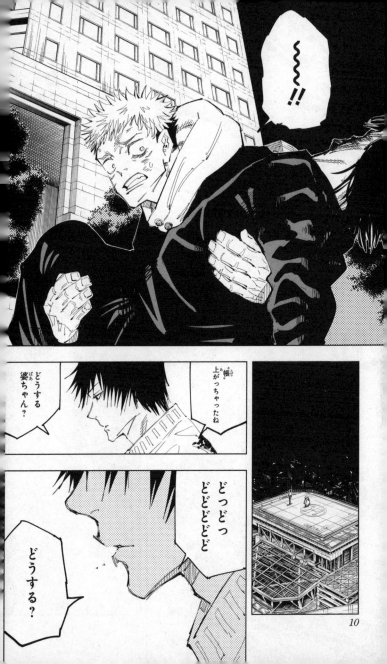

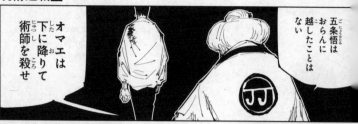

五条悟は
おらんに
越したことは
ない

オマエは
下に降りて
術師を殺せ

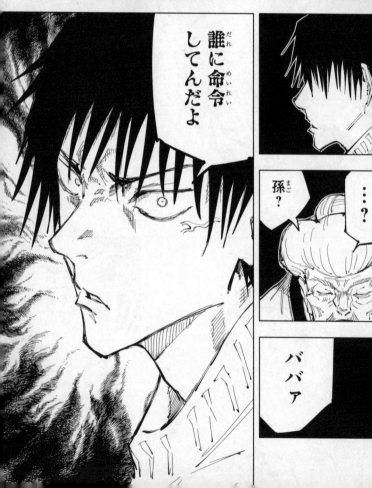

誰に命令
してんだよ

・・・？

孫？

ババァ

ぶあっ

ガガッ

どういうことだ…儂はまだ肉体の情報しか降ろしておらん!!

降ろす…?

ああ、そういう…

そう不測の事態を未然に防ぐため

"魂の情報"は降ろさんと決めている!!

よく分かんねぇけど俺の肉体は特別だからな

コイツの魂が俺の肉体に勝てなかったんだろ

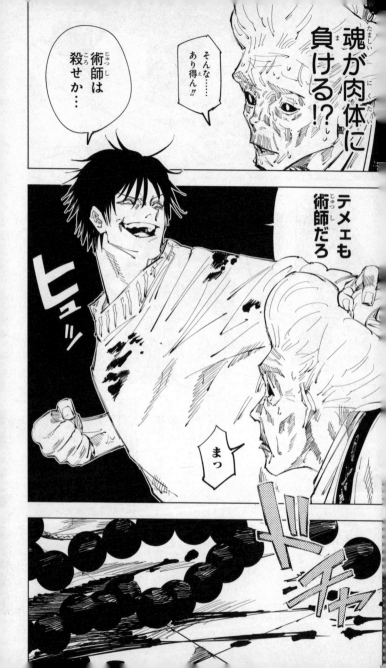

猪野さんは!?

大丈夫……じゃねえけど死んじゃいない

ちょっと殴ってくる

気持ちは分かるがおさえろ!!俺達の最優先事項は!!

……五条先生

虎杖!!

帳は上がった

上の連中はもう逃げた後かもしれねぇだろ

猪野さんを連れて一度外に出るぞ

ブー ッ

14

たの猪野さんを頼む

そうだ
それがベスト

だが今
この渋谷で
単独行動は…

俺は先に駅に向かう

…分かった

でも

「死んだら殺す」

だろ?

心配すんなって!!

メカ丸もついてるし!!

…まぁメカ丸はもうずっと反応ないんだけど……

分かってるならいい

後で…な

応!!

21:44
東京区トロ渋谷駅
13番出口側("帳"外)
1 Shibuya Shibuya City
明治通り
渋谷区渋谷一丁目

東急ほけんのコンシ

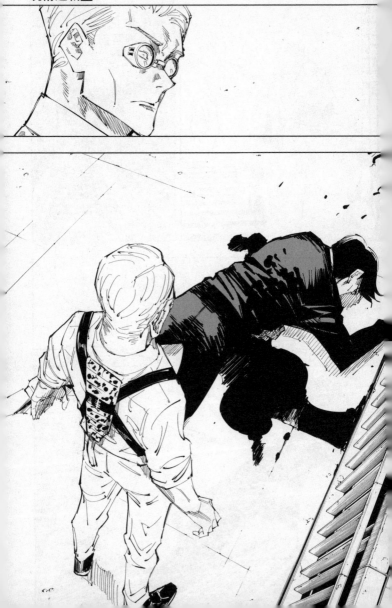

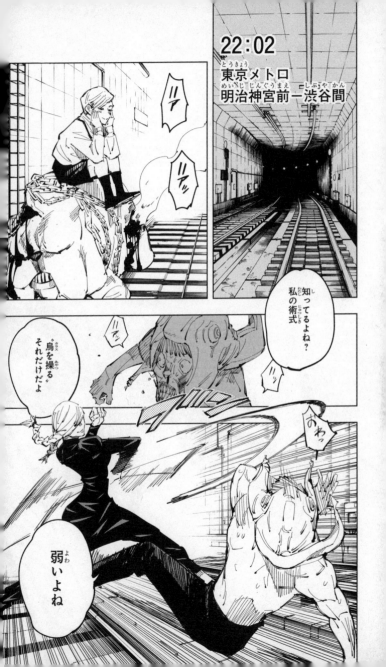

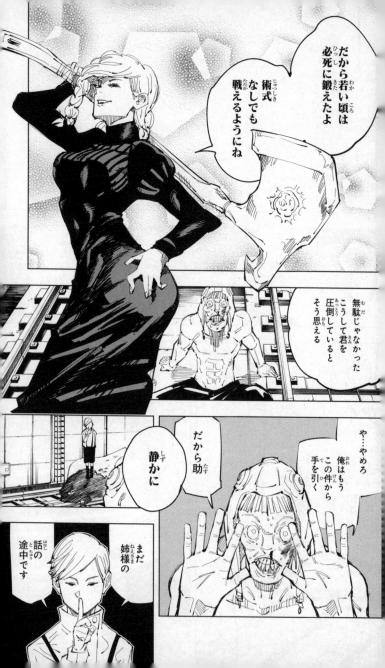

術師の真価は
術式ではないと

自分に
言い聞かせた

でもね
限界が
きたんだ

延々と向上
するわけじゃない

身体能力も
呪力による
肉体強化も

挫けたさ
挫けたからこそ

再び
自らの術式と
向き合うことで

私は
1級術師として
花開いたのさ

20

拍手を

じゃ殺すね

えぇ!?

話して時間潰したかっただけだし

パチパチ

もう悪さはしません!!

だから命……命だけは!!

すみませんでした!!

憂憂 命の価値

命の重さは何に比例すると思う?

!?

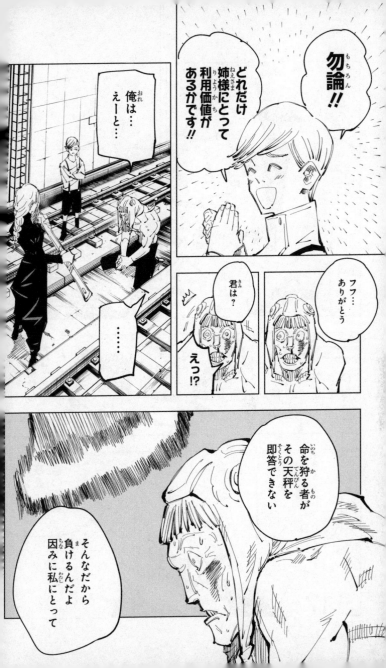

※
用益潜在力（ようえきせんざいりょく）
そのものが
命（いのち）
♡

姉様（ねえさま）

ああ

"帳（とばり）"が上（あ）がった
ようだね

五条悟（ごじょうさとる）に
貸（か）しを作（つく）るなんて
一体（いったい）いくらに
なるのやら

※財産価値（ざいさんかち）がなくても収益（しゅうえき）が期待（きたい）できる力（ちから）。
本来人間（ほんらいにんげん）には使（つか）いません。多分（たぶん）。

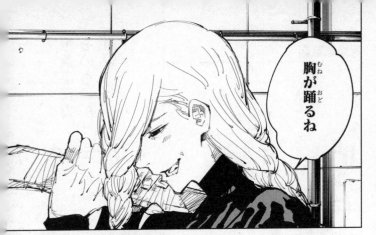

胸が踊るね

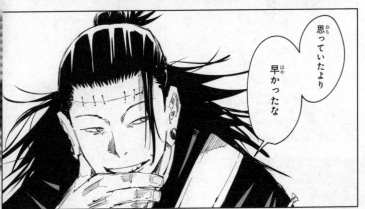

思っていたより早かったな

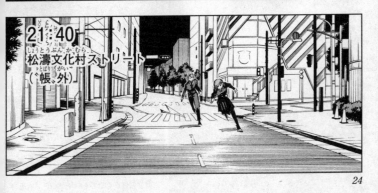

21:40
松濤文化村ストリート
（帳外）

24

新田ちゃん
ストップ

！

あー‼
スーツの女の子だあ

うれしいなあ

すぐ
終わるから

新田ちゃん
隠れてて

男ばっかで
飽き飽き
してたの

いつか言おうと思って
放ったらかしになっていた設定①

・孫が飲みこんだやつ

オガミ婆の降霊術に必要な
対象の遺体の一部、
伏黒甚爾の遺骨の入ったカプセルです。
まがりなりにも御三家のパパ黒のを
手に入れるのはさぞ大変だったでしょう。
呼ばれた時の名前が伏黒ではなく
禪院だったのは、より出生時に近い名前を
使うのが降霊術のセオリーだからです。

この不甲斐なさに腹が立つ
などということは
今までも そしてこれからも
私の人生では有り得ない

この現実を
突きつけてくる
諸悪を

ただひたすらに

ただ
ひたすらに

ナメやがって

27

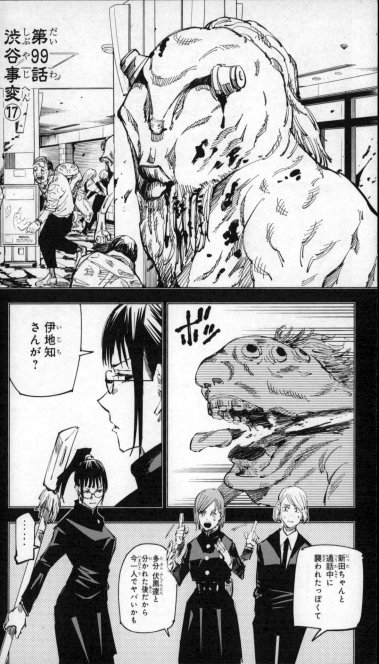

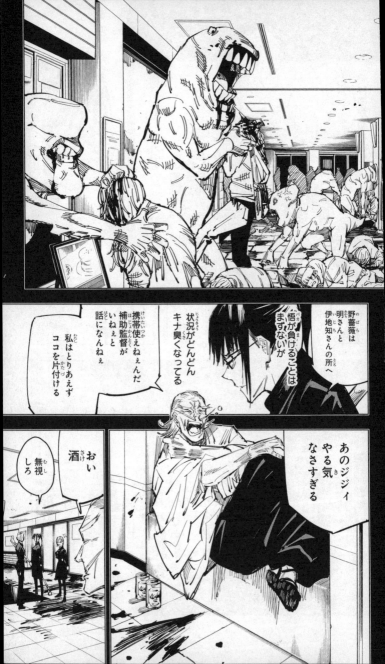

いざという時
逃げ様があるよな

屋外…"帳"の外の方が

？

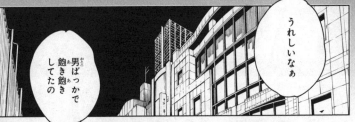

うれしいなぁ

男ばっかで
飽き飽き
してたの

新田ちゃん
隠れてて
すぐ
終わるから

Tokyu

Bunkamura

！

ブンカムラに隠れた
フリをして
そのまま東急を
通り抜けて

コソコソ話？

…ッス‼
釘崎サンも
無理はしないで

口振りから
伊地知さんは
アイツに
やられたのかも

だとしたら
急がないと

気になるじゃん

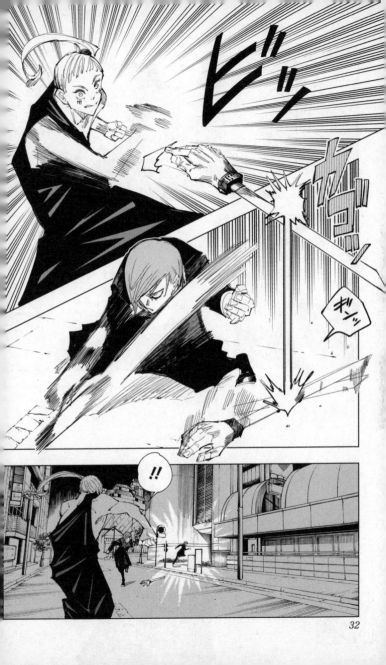

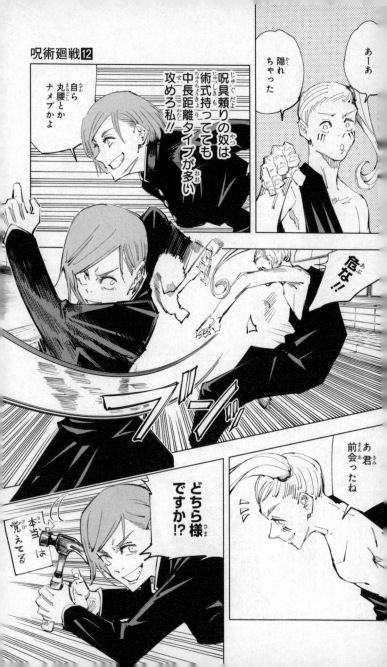

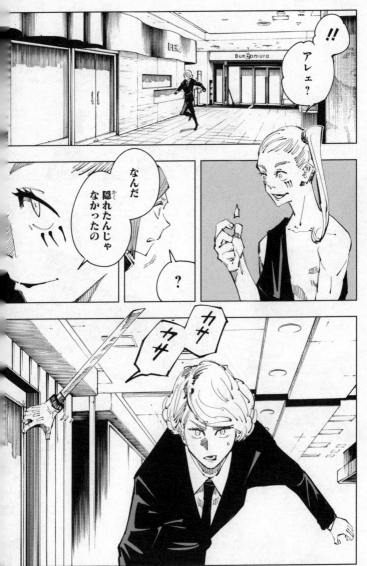

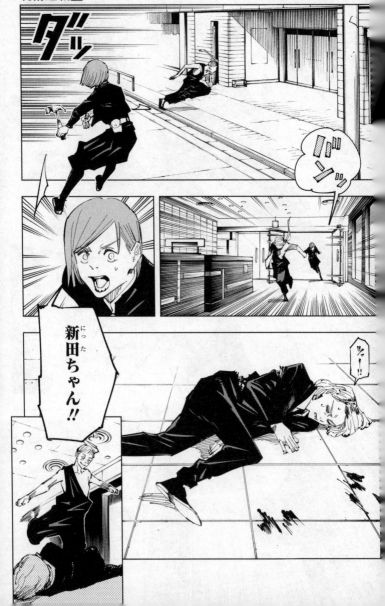

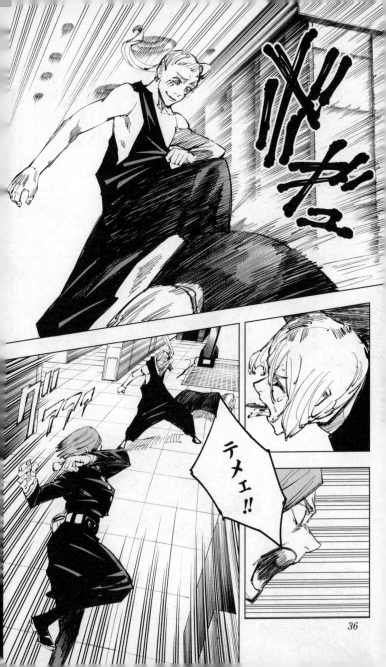

36

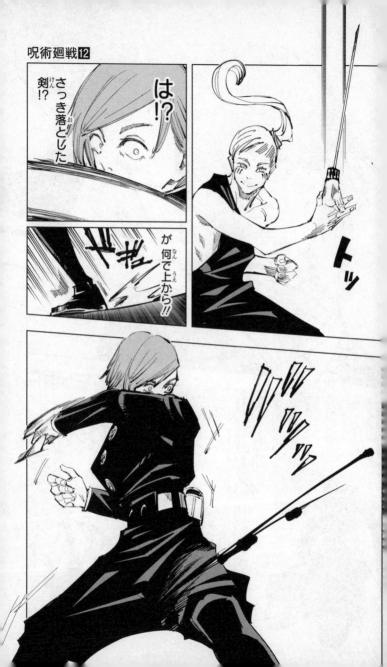

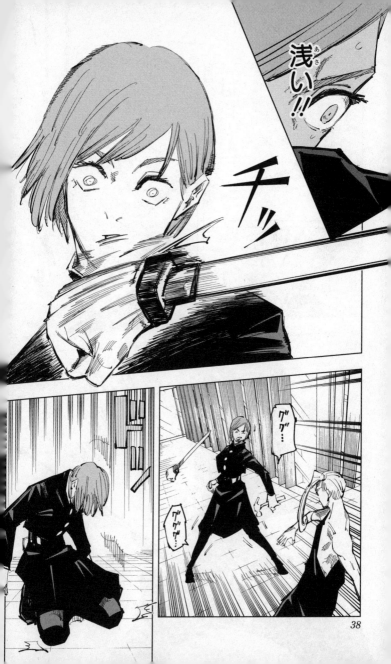

38

コイツ…

立てない？

おっ
顎入った？

イイトコ当てやがる!!

ねえってば

ねえ
立てない？

俺
最初
気づかなかった
もん

君さ
前に会った時より
凄く強く
なったでしょ

でもさあ
ただ強いだけで
勝てる世界じゃ
ないんだよ

特に
俺の術式が
絡むとね

つっても
俺も俺の術式のこと

おかえり

よく
分かって
ないんだけど

ピョン

さて
どっちから
殺そう
かな

回れ口‼

少しでも
時間を…‼

テメェらは
何が
してぇんだよ

……
テメェに
聞いてんだよ

あーなんか
五条悟
封印したいん
だって

あっ俺?

サッカーが大好きで
大得意の人がさ

サッカーのない
世界に生まれたら
どうするかな？

…ダメだ
上手く言えないなぁ

っていうか
理由ってそんなに
大事？

いーじゃん
いーじゃん
楽しいじゃん

俺が楽しければ
それで
いいじゃん‼

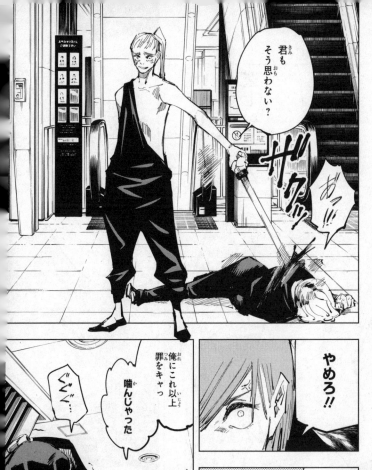

君も
そう思わない？

ザクッ

おっ！！

やめろ！！

ぐぐ…

俺にこれ以上
罪をキャっ
噛んじゃった

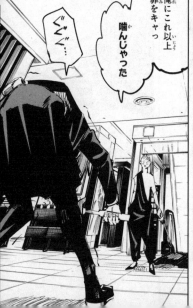

やめさせてよぉ〜

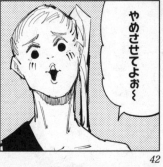

42

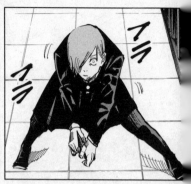

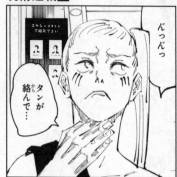

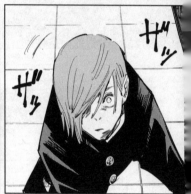

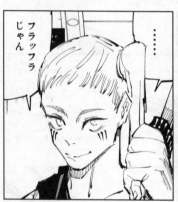

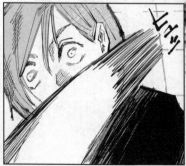

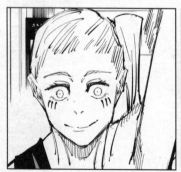

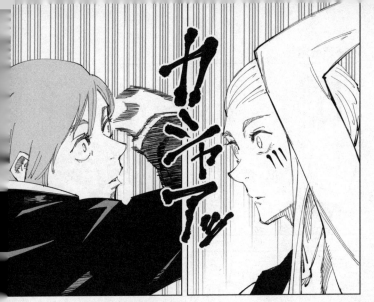

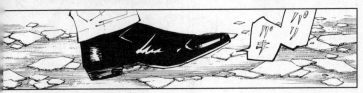

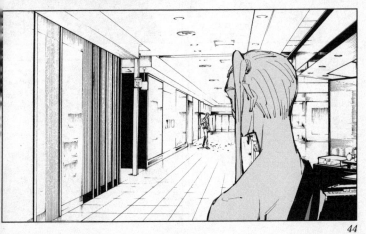

44

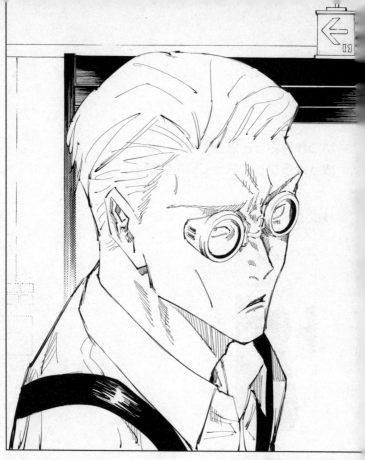

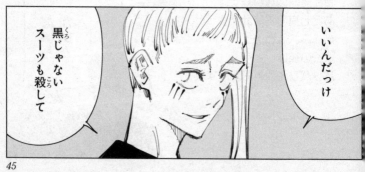

黒じゃない
スーツも殺して

いいんだっけ

いつか言おうと思って
放ったらかしになっていた設定②

・釘崎のトンカチの形が変わってる

特に意味はないです。
あと七海の腕時計をずっと
描き忘れるというミスをしてますが、
渋谷の彼は
バリバリ時間外労働です。

な
い
ん
か
い
!!

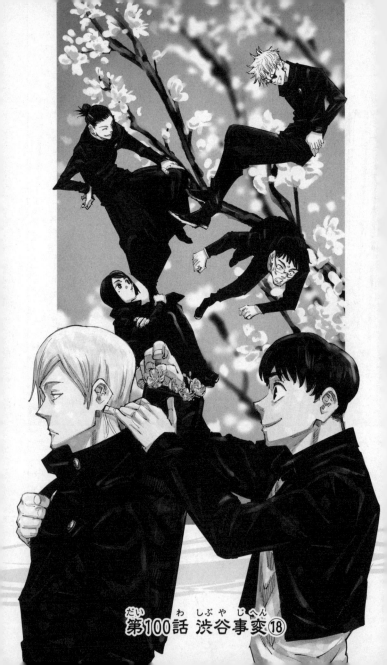

第100話 渋谷事変⑱

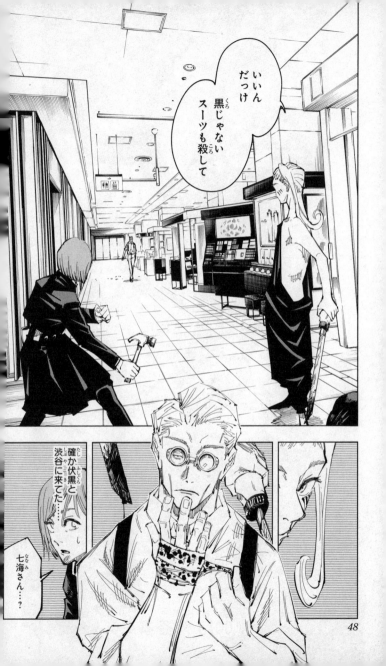

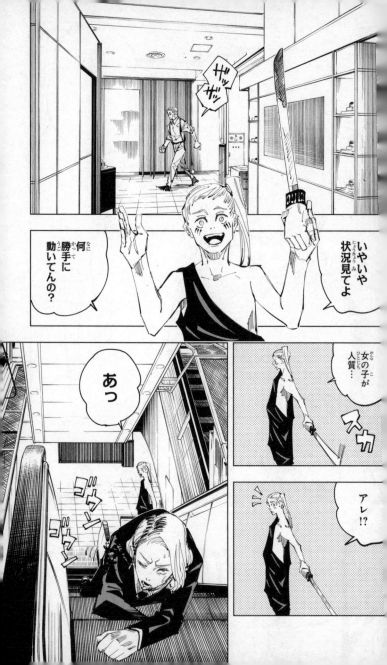

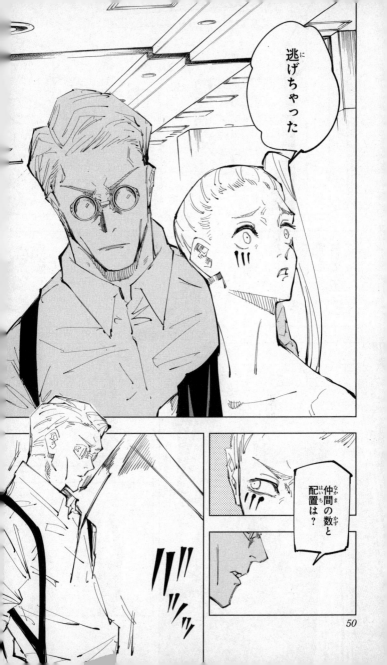

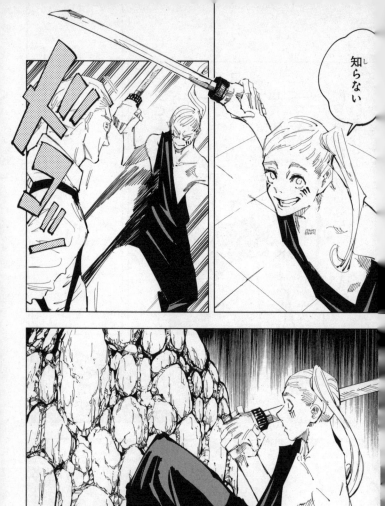

知(し)らない

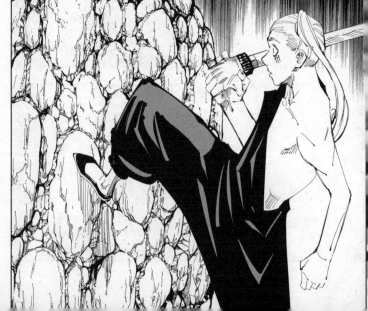

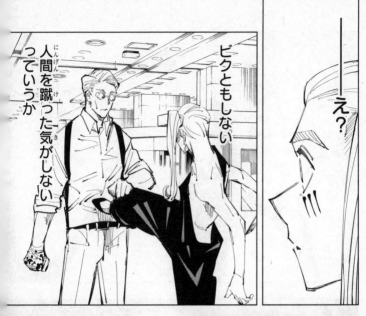

ビクともしない

人間を蹴った気がしないっていうか

——え?

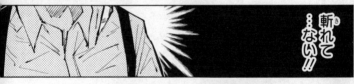

斬れて…ない!!

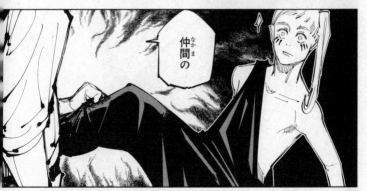

仲間の

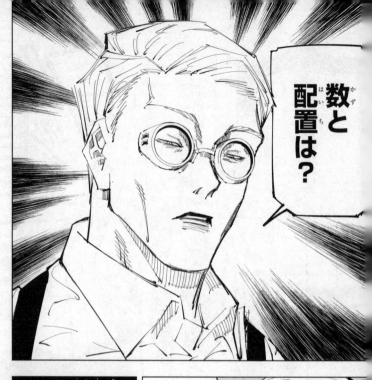

数と
配置は？

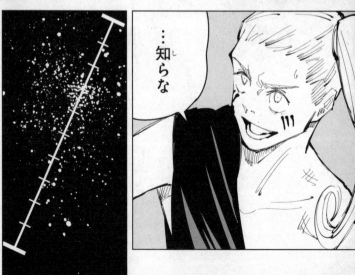

…知らな

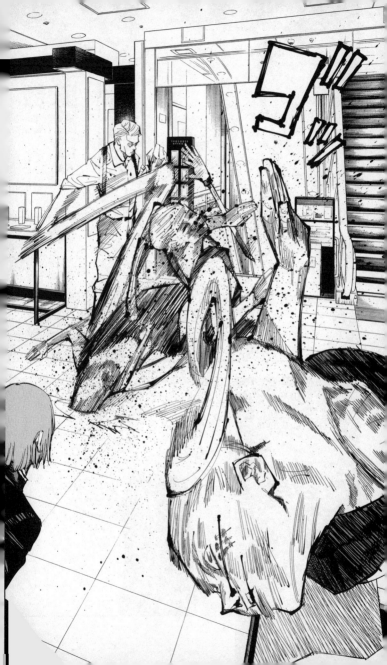

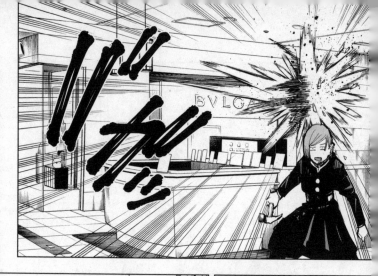

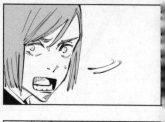

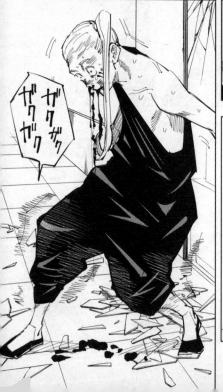

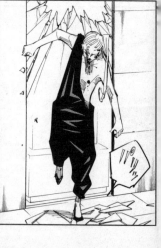

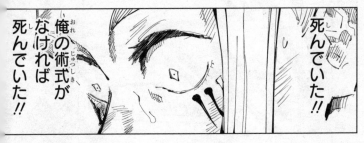

死んでいた!!

俺の術式がなければ死んでいた!!

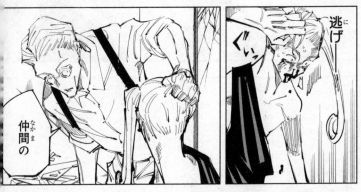

仲間の

逃げ——

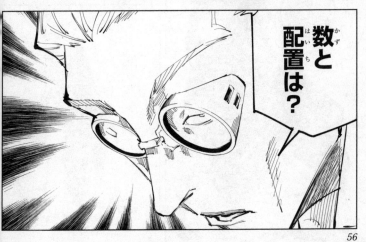

数と配置は?

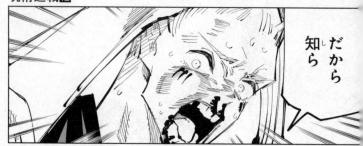

だから知(し)ら

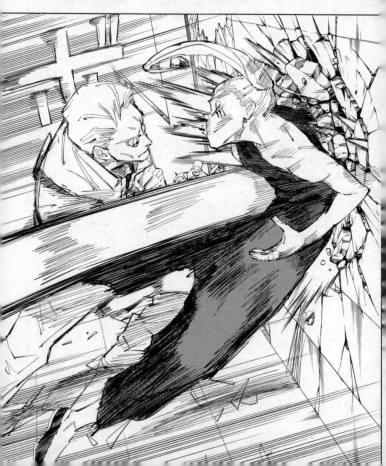

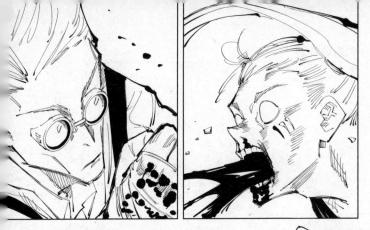

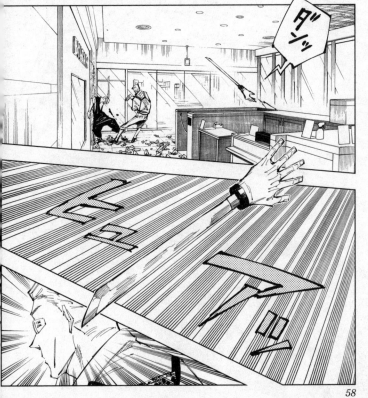

ダンッ

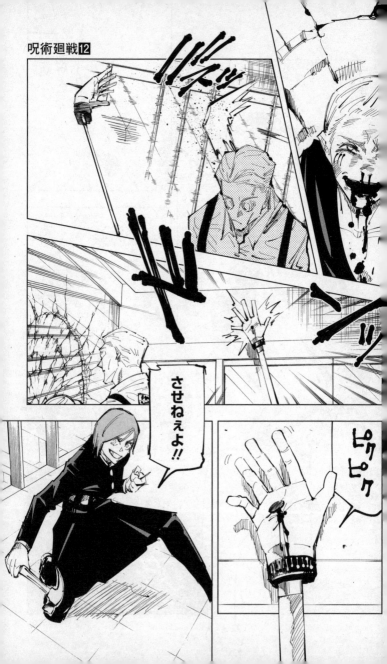

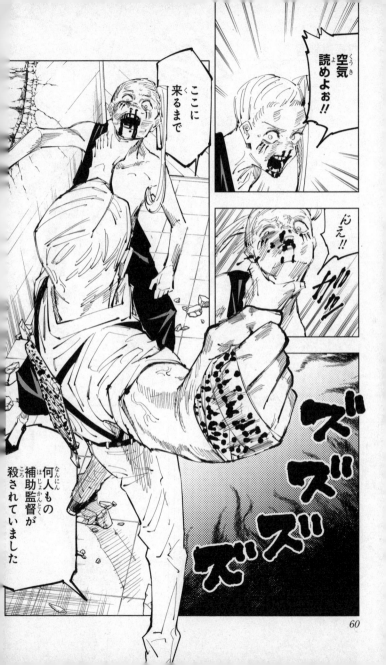

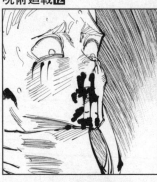

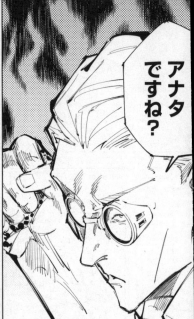

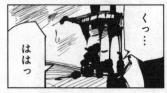

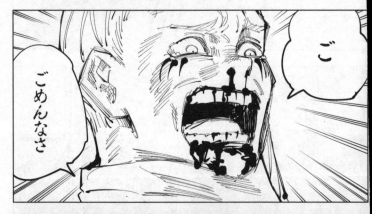

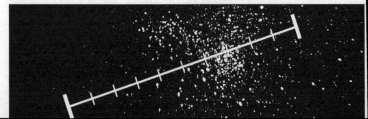

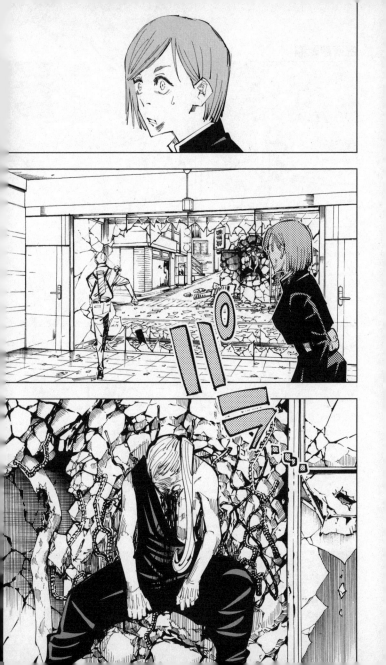

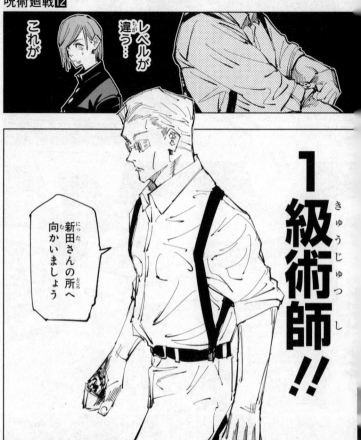

レベルが違う…

これが

新田さんの所へ向かいましょう

１級術師！！

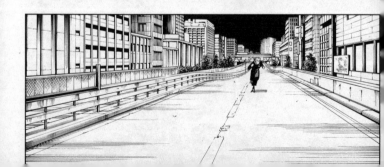

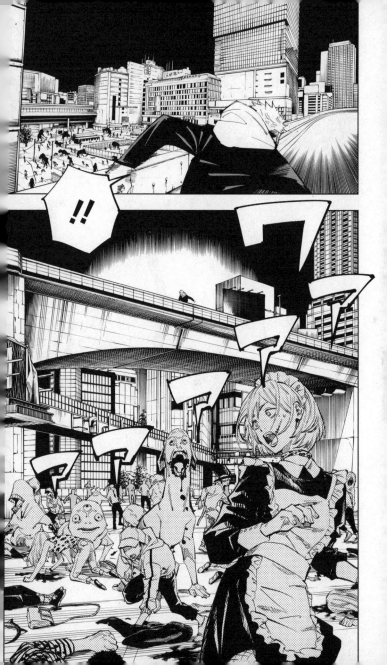

なんつー
数だよ!!

放っとくわけには
いかねぇ!!

でも全員
助ける時間はねぇ!!

クソ!!
どうすれば

駅は······
五条先生は

もうすぐ
そこだって
いうのに!!

その
語彙は!!

明太子!!

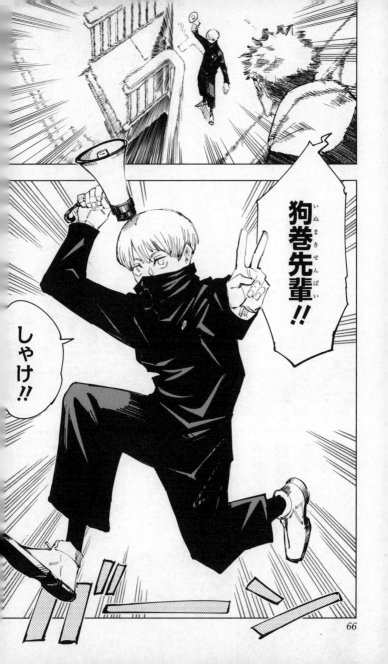

66

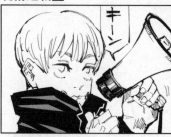

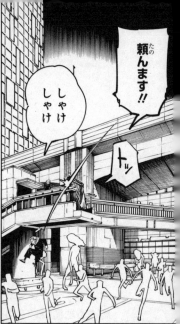

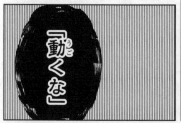

22:10　虎杖悠仁　渋谷駅構内へ

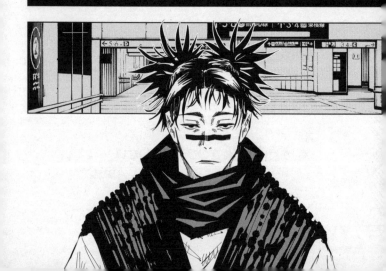

本当はスゴいぞ‼
来訪瑞獣

・「獬豸」
対象をオートで追尾する角だ‼
刺さると痛い‼ 血が出ることもあるぞ‼

・「霊亀」
体に纏う呪力の水‼ クッションとして防御‼
足に纏えば滑るような特殊な歩法が可能だ‼

・「麒麟」
脳内麻薬ドバドバ‼ 体の痛覚をオフ‼
休みたいけど休めないそんなアナタに‼
使った後はしばらく動けないぞ‼

・「竜」
「竜」を目にして生きのびた者はいない……。

(猪野談)

じゃあ伊地知さんは無事なんスね!!

出来る限りのことはしましたし

彼も元々は術師を志していましたから

でもやはり五条さんのことはそちらに伝わっていなかったのですね

第101話

渋谷事変⑲

私達はすぐに室内に入ったので

そのせいっスね

封印されてもねばるあたりホント五条っぽいわね

・・・・・・

2人はここで救護を待って下さい

私は禅院さん達とB5Fに向かいます

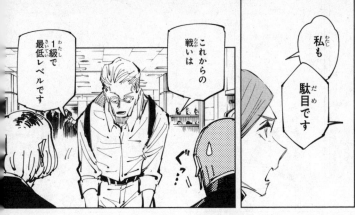

私も

駄目です

1級で
最低レベルです

これからの
戦いは

ぐっ…！

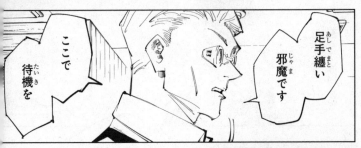

足手纏い
邪魔です

ここで
待機を

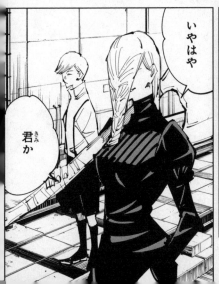

いやはや

君か

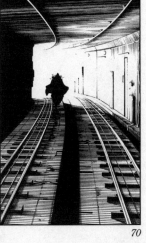

冥さん

お久しぶりです

刺客を放っておいてよく言うよ

夏油君

何故生きてる?

去年五条君がしくじったか?

そもそも五条君と夏油君がグルでこの騒ぎを…それはないな

私は五条君より君を買っていたんだよ

ニヒルな笑顔もチャーミングだった

五条君は1人でこの国の人間全員殺せる

誰かと組む意味も小細工を弄する必要もない

そんな君を殺さなければいけないなんて

残念至極だ

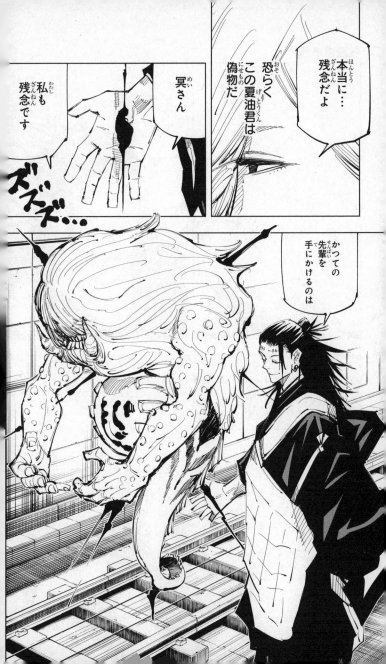

特級特定
疾病呪霊

「疱瘡神」

呪霊操術！！

読みがハズれたかな?

質は衰えていませんよ

去年手持ちの呪霊は使い果たしてしまいましたが

念のため地下B5Fの人間は残しておきたいんです

線路で待ってますね

ソイツを祓えたら私が相手をします

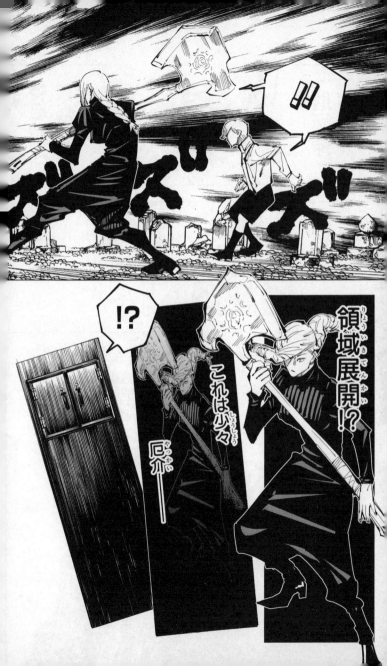

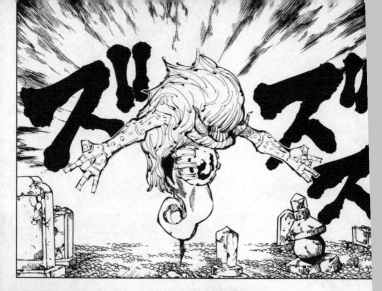

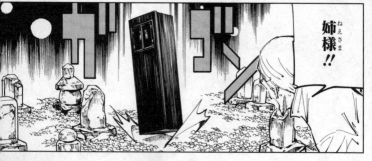

姉様（ねえさま）!!

閉じ込（と）められた…
棺桶（かんおけ）って
とこかな?

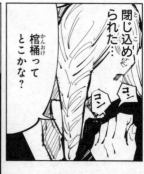

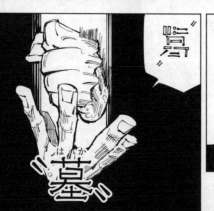

墓（はか）

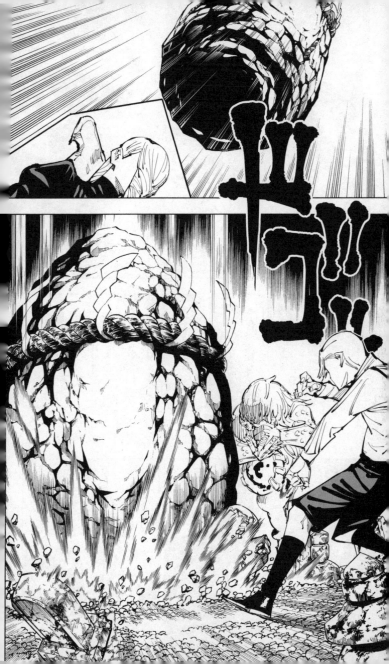

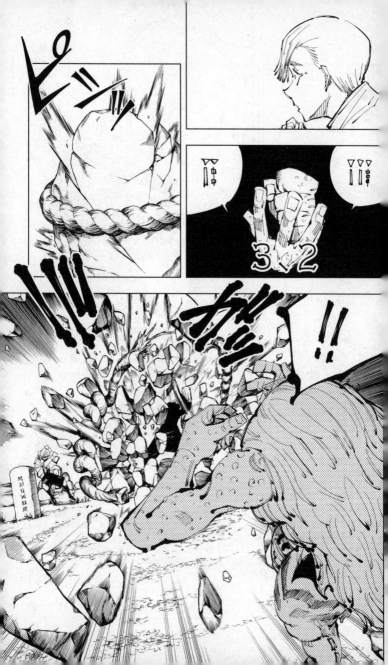

幾年振りかな

私の命に指が掛かるのは

キュン

キュン

姉ァ

キュン

様……!!!

バラッ…

キュン

国都市線
-en toshi Line

㋜ 半蔵門線
Hanzomon Line

↑ ㋣ 東横線
Toyoko Line

Ⓕ 副都心線
Fukutoshin Line

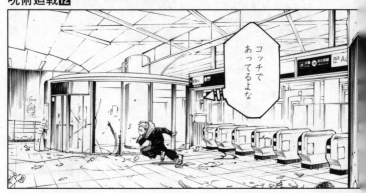

コッチで
あってるよな

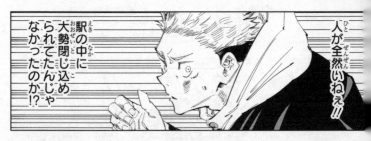

駅の中に大勢閉じ込められてたんじゃなかったのか!?

人が全然いねぇ!!

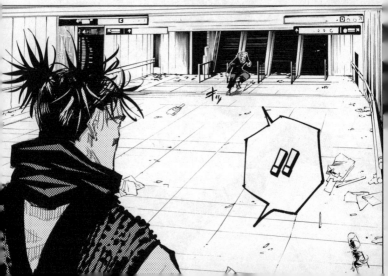

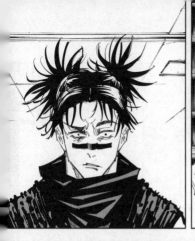
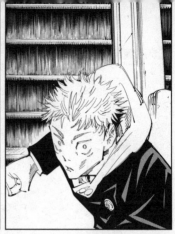

虎杖 悠仁(いたどり ゆうじ)

弟(おとうと)の仇(かたき)…!!

『百(びゃく)斂(れん)』!!

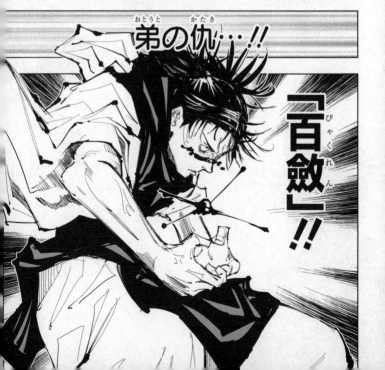

赤血操術（せっけっそうじゅつ）
「百斂」（びゃくれん）

血液（けつえき）を加圧（かあつ）し
限界（げんかい）まで
圧縮（あっしゅく）する技（わざ）

「百斂」（びゃくれん）で
圧縮（あっしゅく）した血液（けつえき）を
一点（いってん）から解放（かいほう）し
撃（う）ち出（だ）す

赤血操術（せっけっそうじゅつ）
奥義（おうぎ）

呪力（じゅりょく）で
強化（きょうか）された
血液（けつえき）の初速（しょそく）は
音速（おんそく）をも
超（こ）える

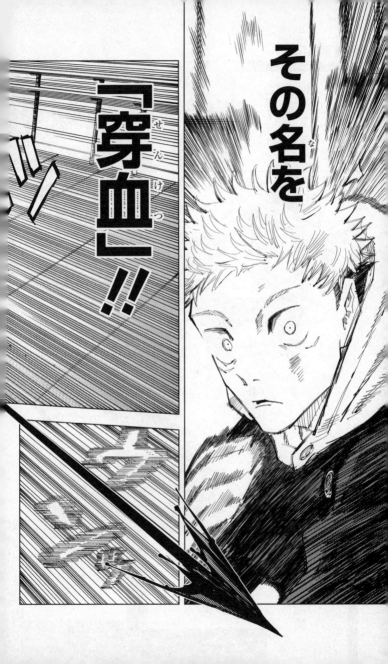

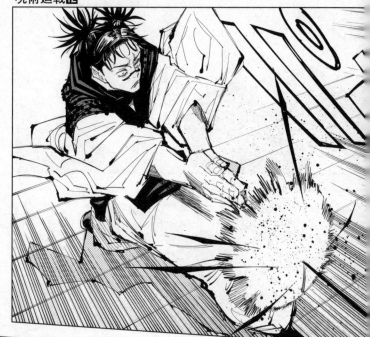

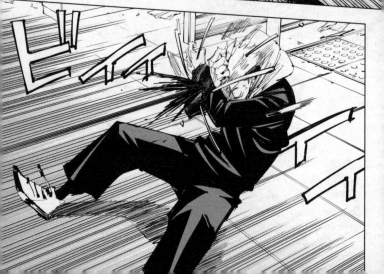

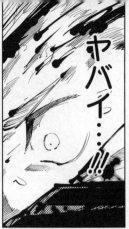

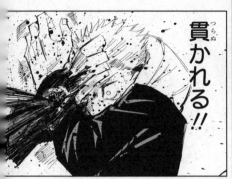

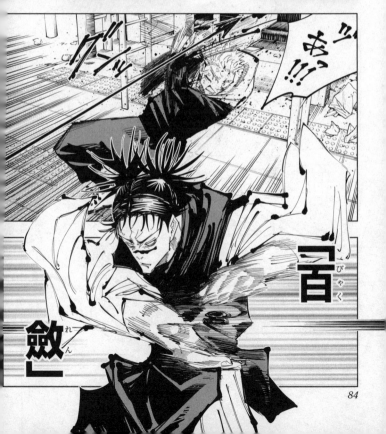

84

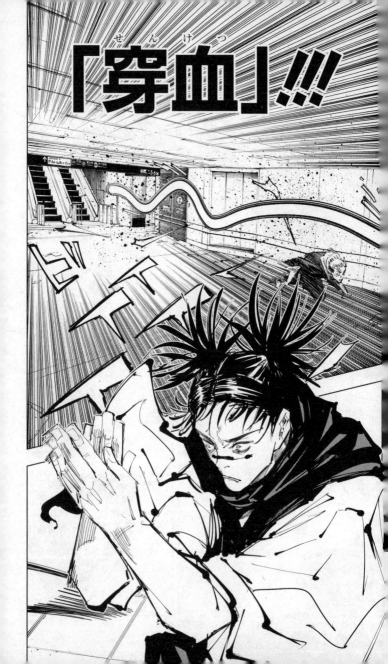

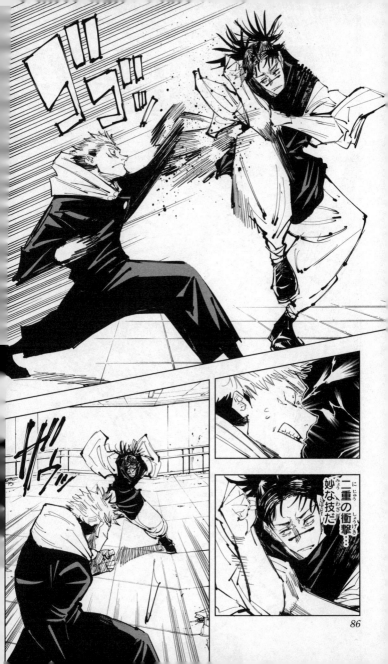

86

傷が深い

痛みは来ると分かっていれば

我慢できるが

…だからこそ

左でも攻める

それ以前に

もう思うように

動かねえ

オマエに

聞きたい

ことがある

弟は

最期に何か

言い遺したか?

いつか言おうと思って
放ったらかしになっていた設定③

・夏服

高専の制服は基本的に夏服と冬服で
デザインに差異はありません
(通気性とかはあるよ)
術師の仕事柄薄着は危ないですし。
でも申請すれば普通に作ってくれる。

釘崎はそのことを知らない。

なんで私のは同じデザインなんだよ!!

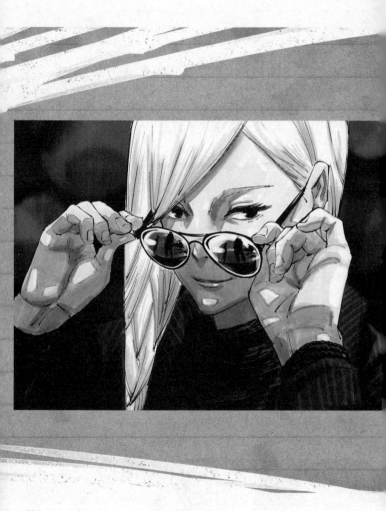

第102話
渋谷事変⑳

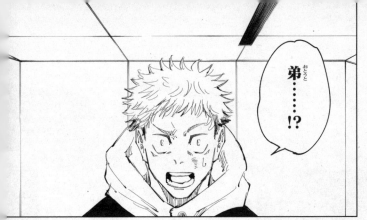

弟……!?

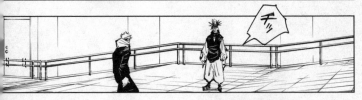

オマエ達が
殺した
二人の話だ

……別に

何も

でも

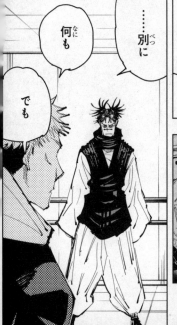

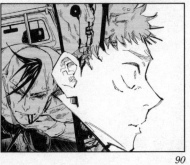

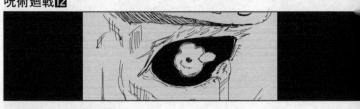

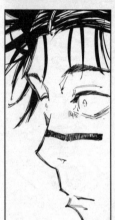

泣いてたよ

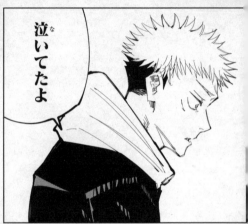

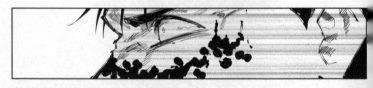

壊相!!

血塗!!

見ていろ!!

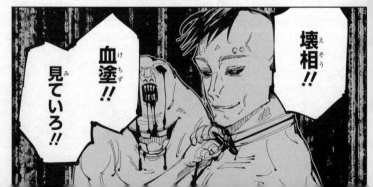

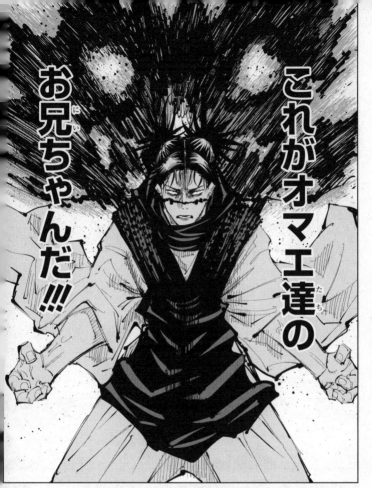

これがオマエ達の

お兄ちゃんだ！！！

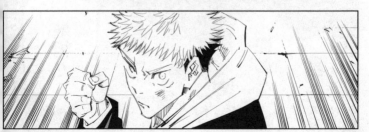

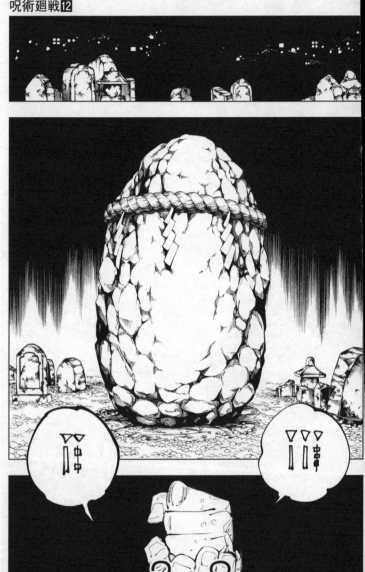

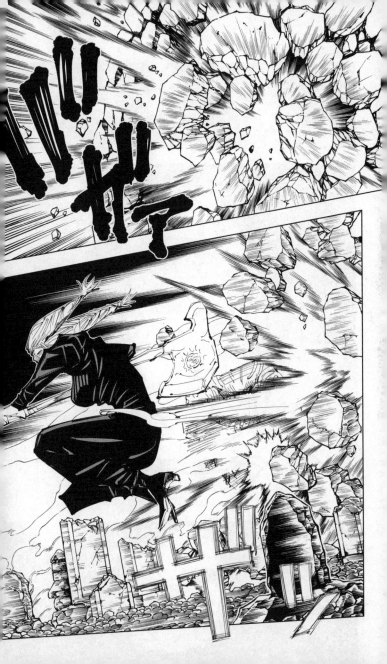

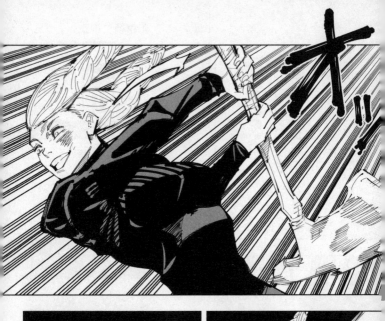

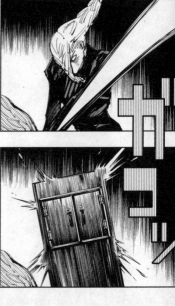

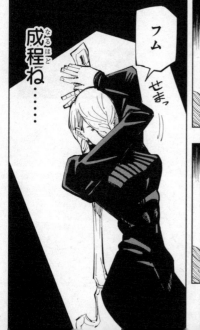

フム
せまっ

成程ね……

① 棺桶に拘束

② 墓石で埋葬

③ 3カウント開始

ここまでが
この領域の必中効果

特定疾病呪霊だ
（術式開示の観点から
おそらくこの情報に嘘はない）

3カウント以内に
棺桶から脱出できなければ

私はその病に罹り
死ぬ‼

96

ゴゴゴゴ

ガラガラ

バリバリ

厄介なのはこの墓石

あと2回もくらえばいつもの動きができなくなる

その状態で夏油君(仮)と戦いたくはないな

憂憂 無事かい?

どうやら

はい
姉様

必中術式は
1人ずつにしか
発動しないらしい

領域内で
呪力の強い者を
反射で標的に
しているのだろう

領域に巻き込まれた
烏は1羽

やはり
王手を指すには

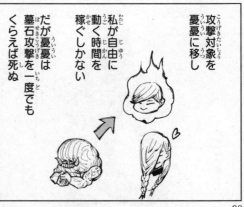

攻撃対象を
憂憂に移し

私が自由に
動く時間を
稼ぐしかない

だが憂憂は
墓石攻撃を一度でも
くらえば死ぬ

憂憂

98

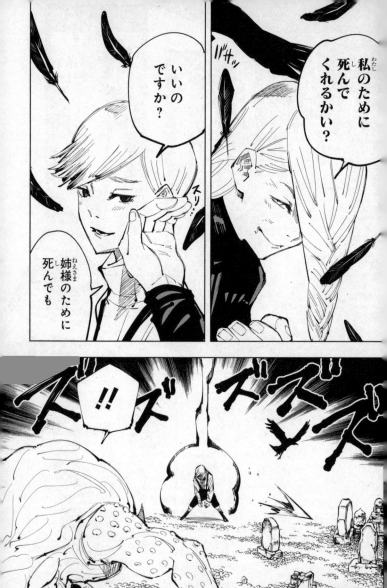

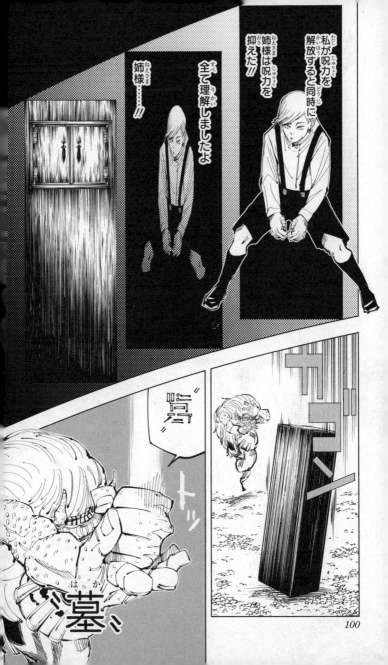

私が呪力を
解放すると同時に
姉様は呪力を
抑えた!!

全て理解しましたよ

姉様……!!

墓ハ

ドーン

トッ

ッ写

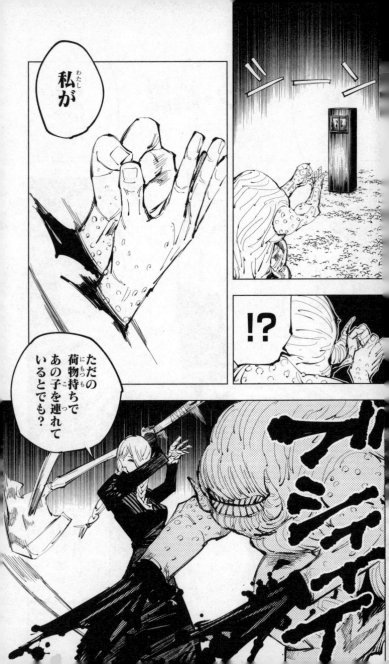

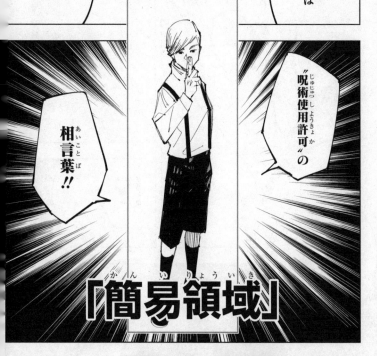
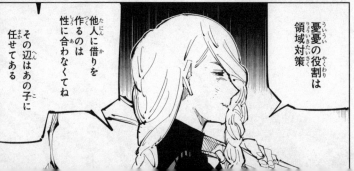

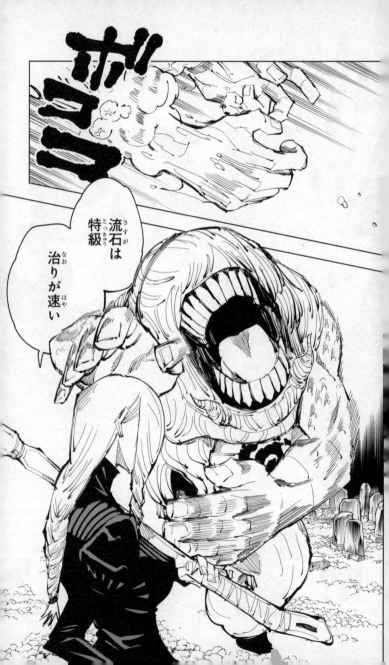

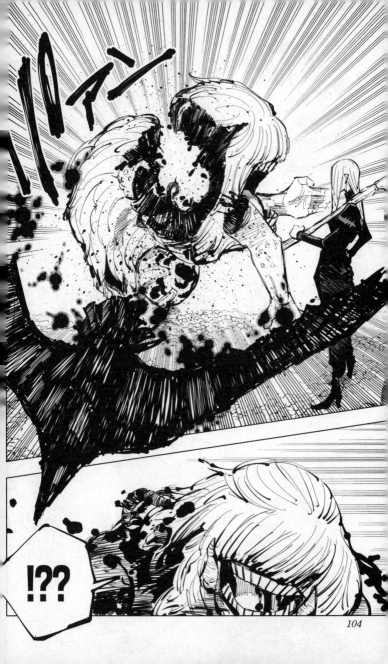

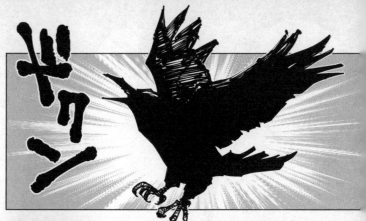

術師にとって
最も簡単に
能力を底上げ
する方法

何だと思う？

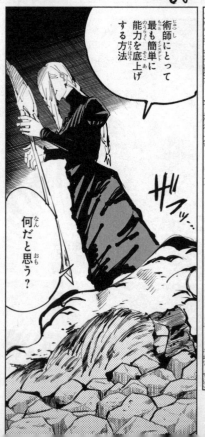

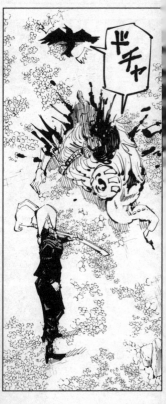

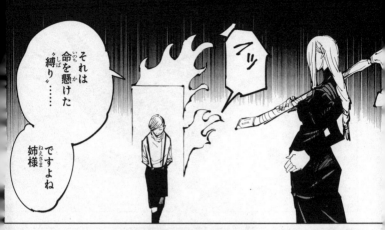

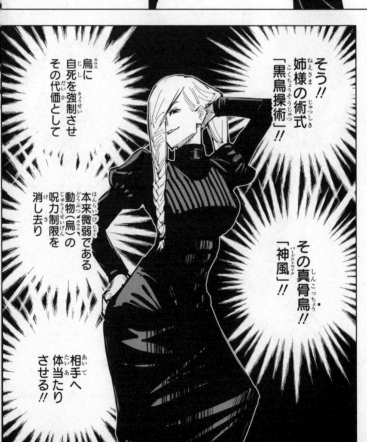

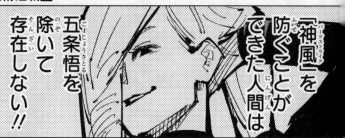

「神風」を防ぐことができた人間は五条悟を除いて存在しない!!

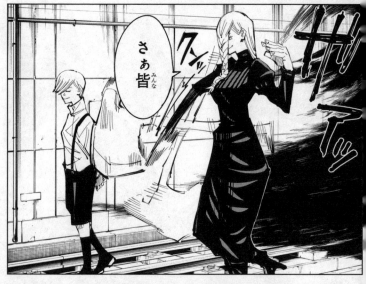

さぁ皆

クンッ

サッ

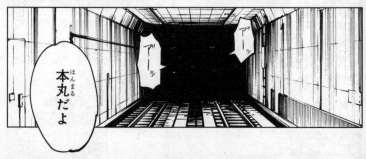

本丸だよ

アーッ

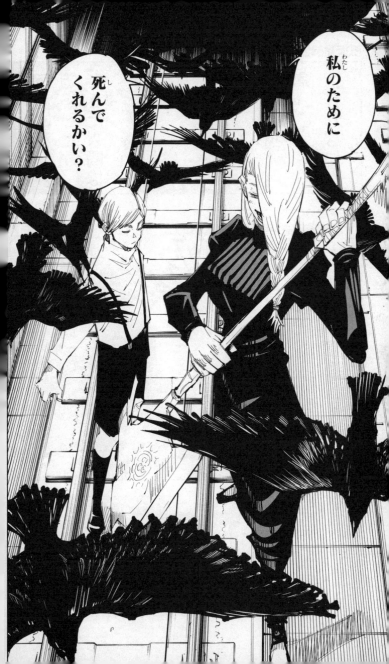

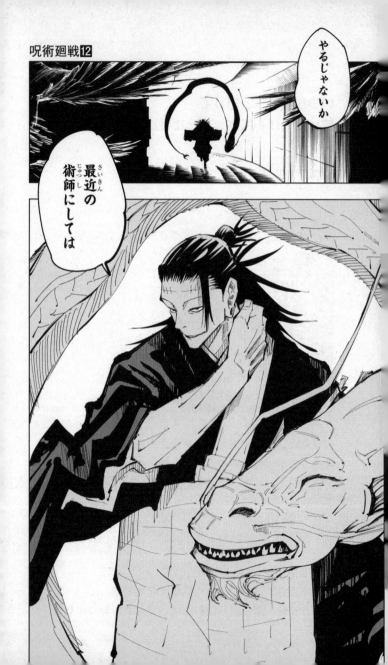

いつか言おうと思って
放ったらかしになっていた設定④

・特定疾病呪霊

疫病などの特定の病気に対する恐怖から生まれた呪霊。
あまり実在の病気などの話には触れたくないのですが
（罹患されてる方を傷つけてしまうことがあるため）、
天然痘（疱瘡）は根絶されているので
これくらいならば……という判断
（根絶されてるからいいという話ではないですよ）。

ここで夏油（?）は嘘をついていて
この呪霊は疱瘡神ではなく疱瘡婆なんです。
冥冥が疾病呪霊に詳しければミスリードになったかも。

呪術廻戦

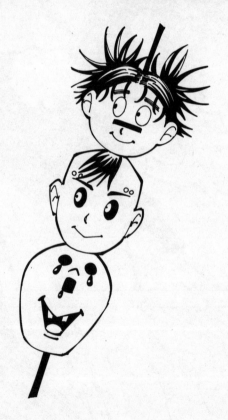

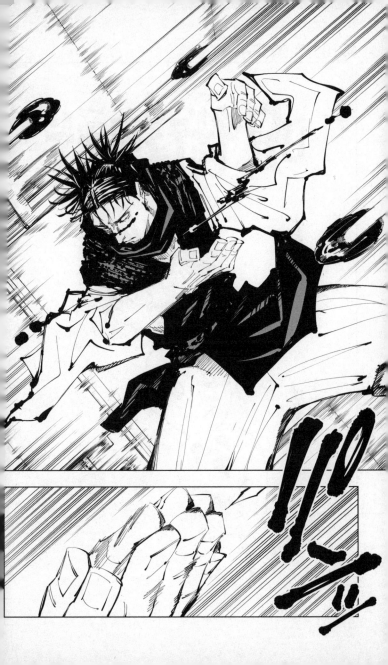

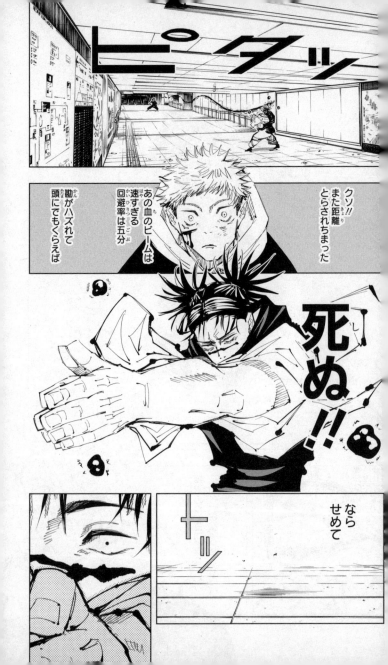

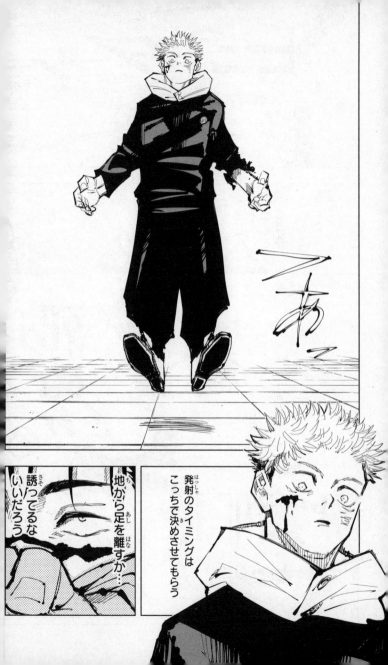

発射のタイミングは
こっちで決めさせてもらう

地から足を離すか…

誘ってるな
いいだろう

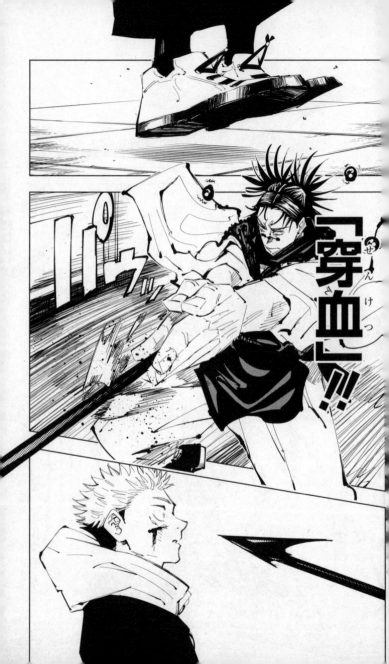

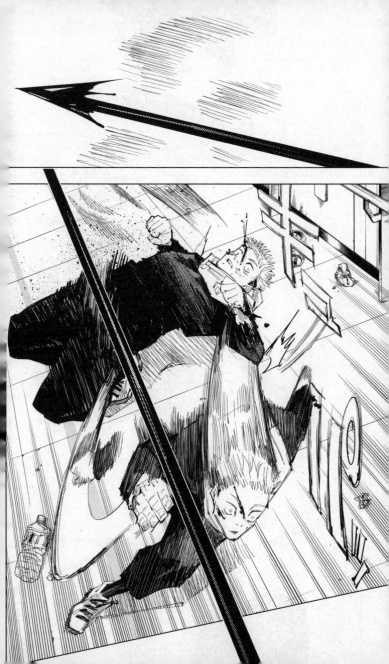

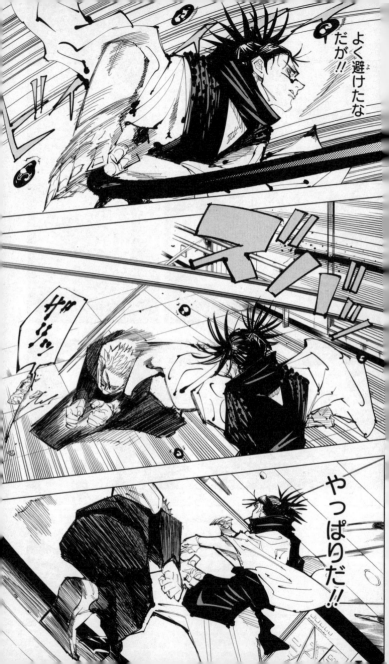

この技が速いのは最初だけ!!

一度避ければ軌道を流されても詰められる

このまま殴り合いに持ち込む!!

「超新星」

118

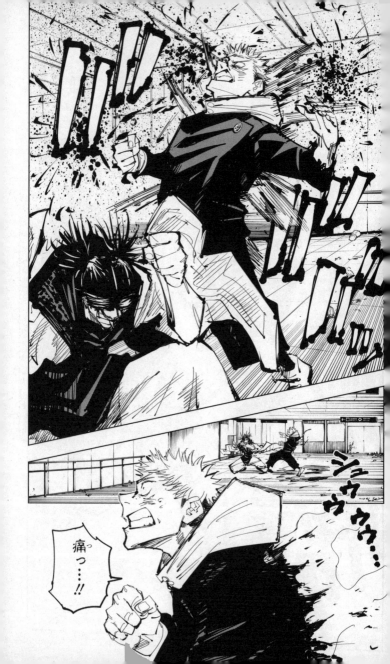

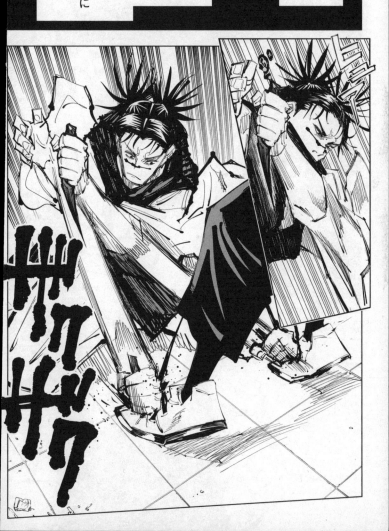

赤血操術
「超新星」

「百敍」で圧縮した
血液を解放し

全方位
散弾のように
撃ち抜く

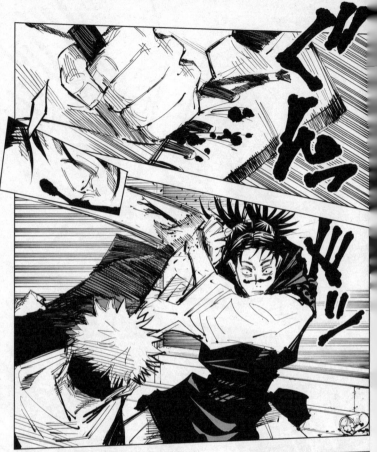

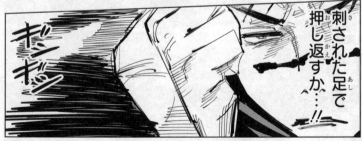

刺された足で押し返すか…!!

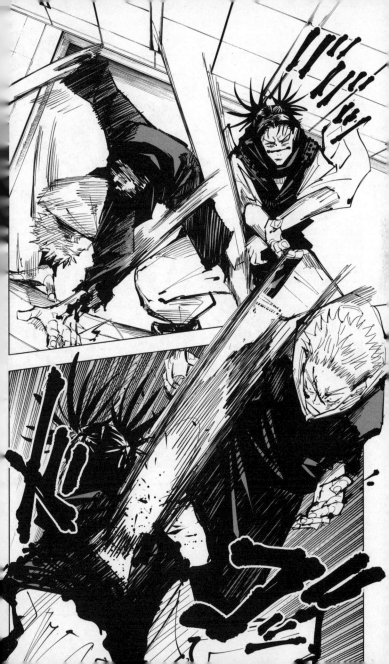

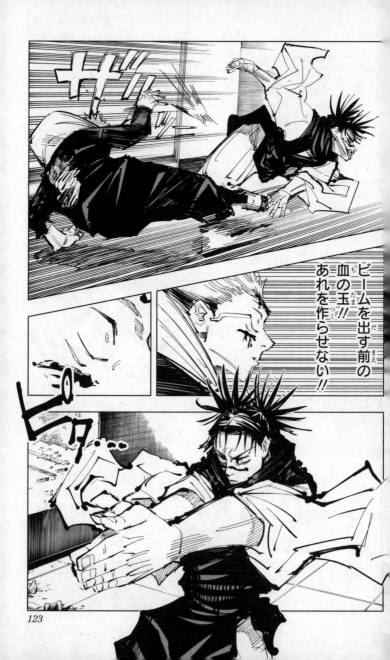

123

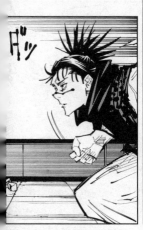

ドッ

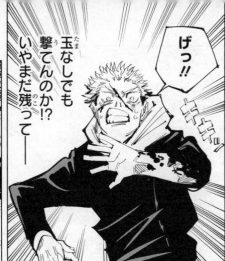

げっ!!

玉なしでも
撃てんのか!?
いやまだ残って——

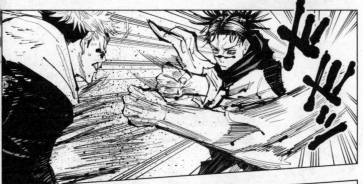

ヤッ

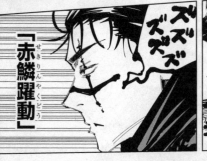

「赤鱗躍動」

ズズズ

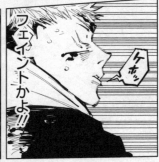

フェイントかよ!!

ゲホッ

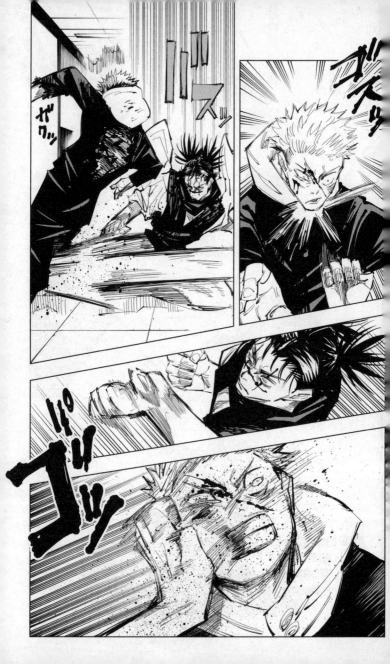

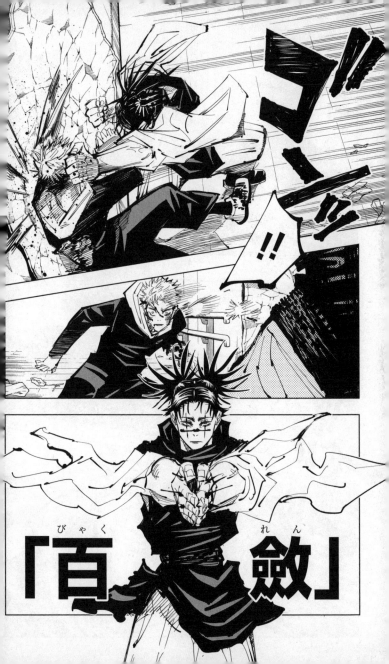

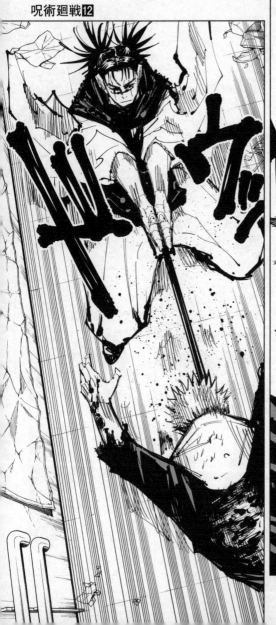

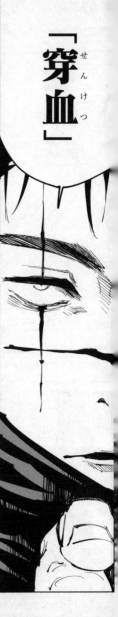

「穿血(せんけつ)」

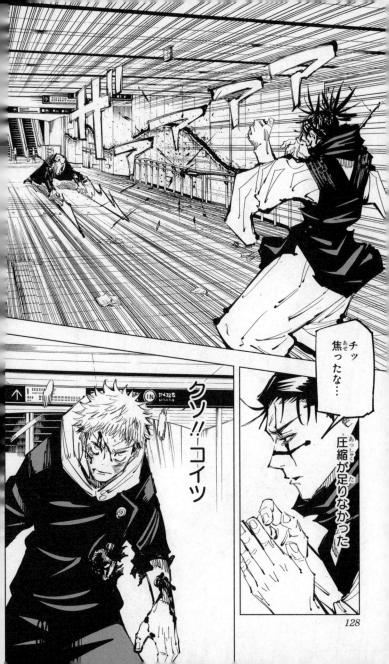

チッ
焦ったな…

クソ!!コイツ

圧縮が足りなかった

128

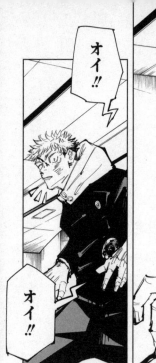

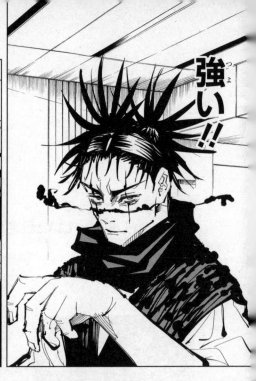

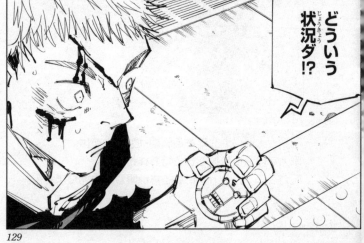

いつか言おうと思って
放ったらかしになっていた設定⑤

・九相図兄弟の血液

呪霊と人間の混血である脹相・壊相・血塗は
呪力を血液に変換できる特異体質なので
呪力がスッカラカンにならない限り失血死しません。

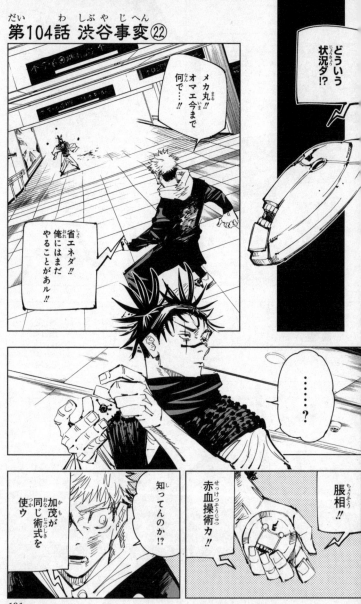

あの糸目の
３年生か

ってことは…

赤血操術は
加茂家相伝の
術式の一つとして
重宝されていル

弱点は
知らんゾ

げ

その理由は
近・中・遠
全てに対応できる
バランス力ダ

失血しない
膨相に
隙はナイ

有益な
情報どー

もっ!!

ドゴァーアッ

ゴガッッ

そのままトイレに逃げ込メ!!

ザッ

いやそれは…

!?

弱点は知らんが一つアイデアがアル

成功率は1割ってとこダ

スマンが失敗したら潔く死ネ

このままでもジリ貧で殺されル

ひっでぇな

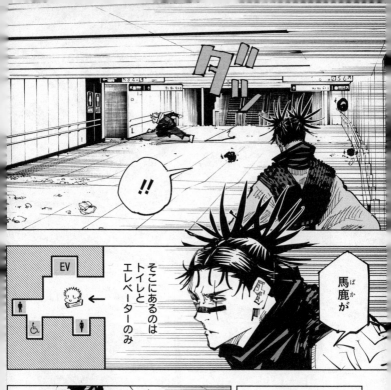

！！

そこにあるのは
トイレと
エレベーターのみ

馬鹿が

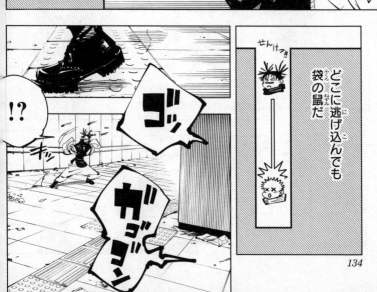

！？

ゴッ

ガゴゴン

せんけつ！！

どこに逃げ込んでも
袋の鼠だ

134

何の音だ？

何かあると
考えるのが
普通だ
油断するな

虎杖は弟達に
勝っている
馬鹿では
あの二人には勝てん

そして突然現れた
もう一つの声……

パシッ

ゴゴゴッ
バ
ゴゴッ

なんダ‼

来ないのカ‼

ゴゴゴッ
ゴガッ
ゴゴッ

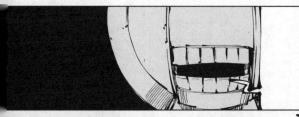

弱虫なんだナ

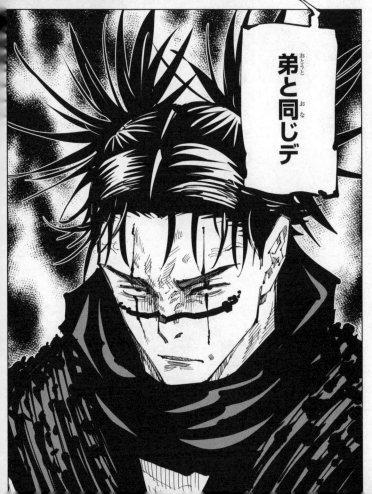

弟と同じデ

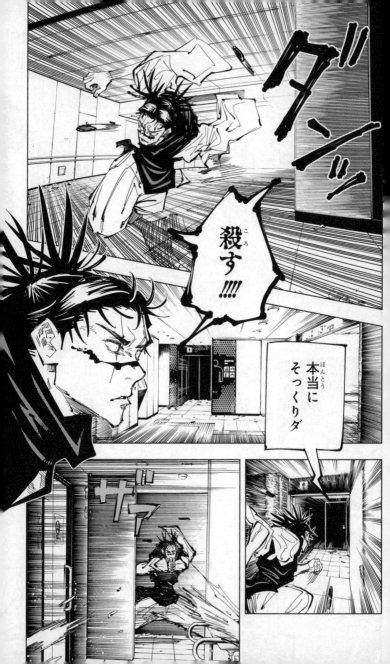

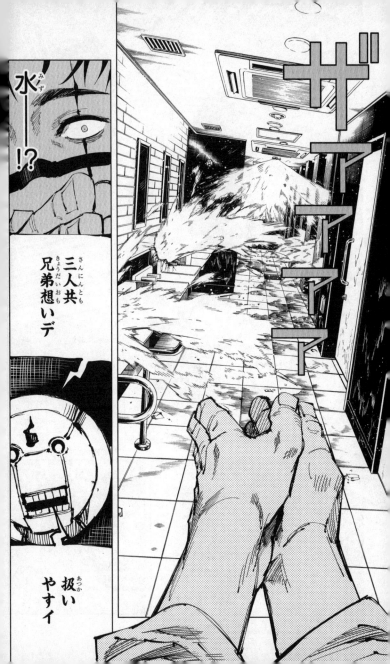

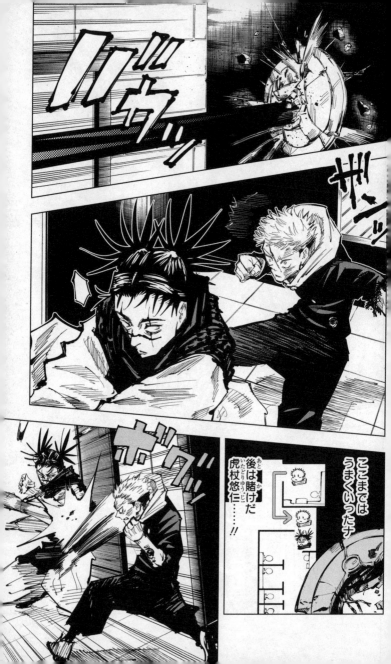

ここまでは
うまくいったナ

後は賭けだ
虎杖悠仁……!!

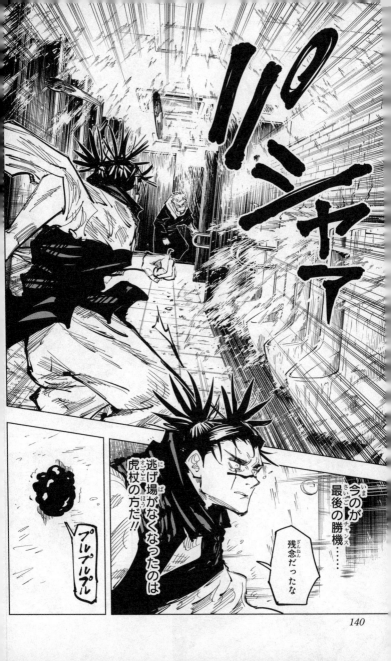

パリシャ

逃げ場がなくなったのは虎杖の方だ!!

今のが最後の勝機……残念だったな

プルプルプル

140

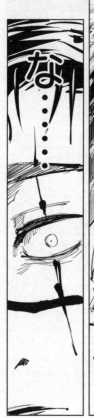

な……

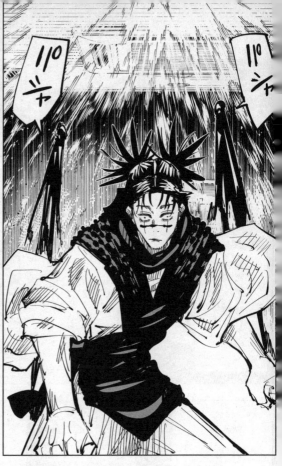

パシャ

パシャ

赤血操術は
術式効果を
上げるため

「百斂」が
解けた!?

常時
血液の凝固反応を
オフにしている

そのため
脹相の血液は
他の者より
水に溶けやすい

加えて
水に晒された
血液の中では

浸透圧により

赤血球が膨れ
細胞膜が破れていく

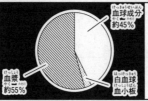

血液の
約45%を占める
血球成分が
支配できなくなり

血球成分
約45%

血漿
約55%

白血球
血小板

「百斂」は
解かれた

メカ丸の狙いは正しかった

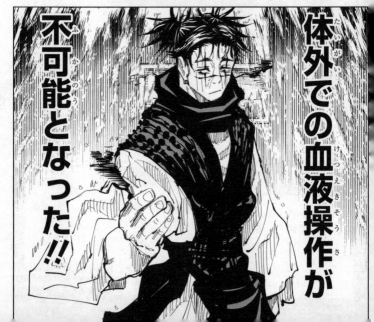

今 この状況下において 脹相は

体外での血液操作が不可能となった!!

「赫鱗躍動・載」!!

戦闘経験の
浅い腑相は

自身に何が
起こったのか
理解していない

冷静に現実を
受け取め
血液操作を
体内で
完結させる

理屈は
分からねぇ

そんなん
聞く余裕
なかったからな

だが
これだけは
分かる

俺の土俵に

持ち込んだ!!

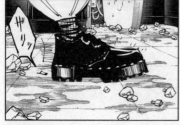

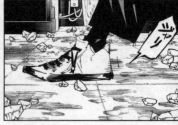

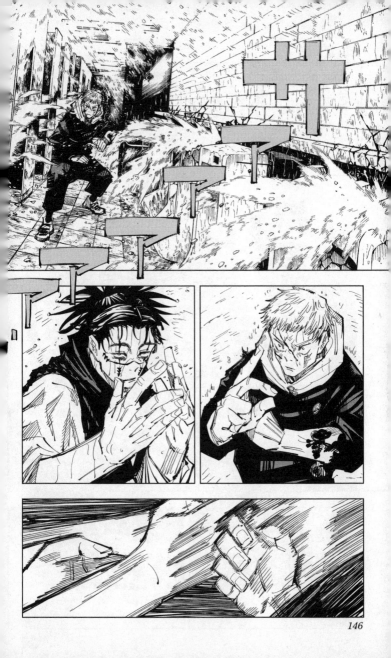

146

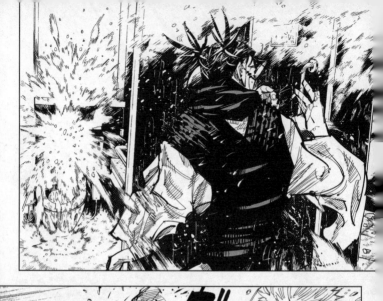

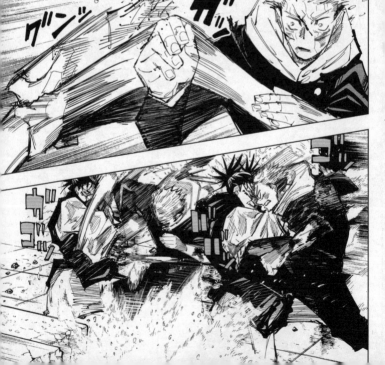

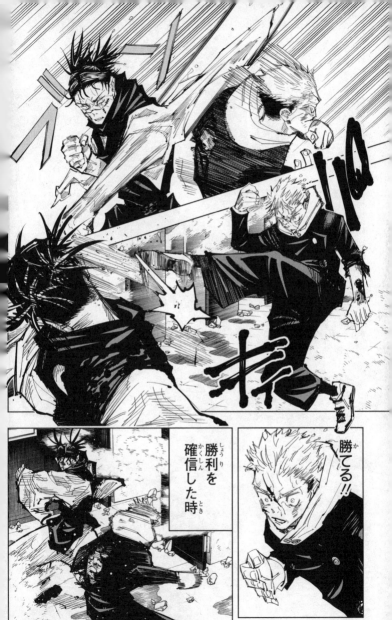

勝てる！！

勝利を確信した時

148

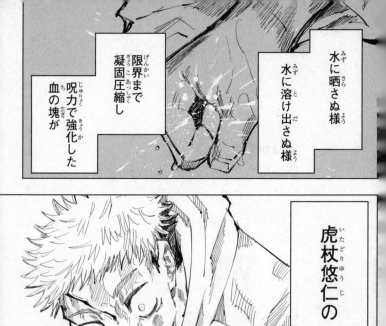

水に晒さぬ様

水に溶け出さぬ様

限界まで
凝固圧縮し

呪力で強化した
血の塊が

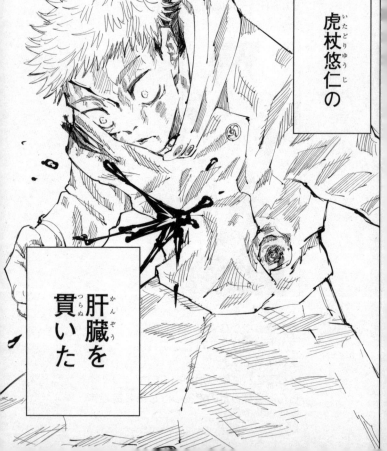

虎杖悠仁の

肝臓を
貫いた

いつか言おうと思って
放ったらかしになっていた設定⑥

・サイドテールの剣

刃の輪っかがなくなってるのは
刃の方が付け替え可能で呪具化
するからです。
そしてこれは輪っかを描くのが
しんどくなったので後づけした設定です。

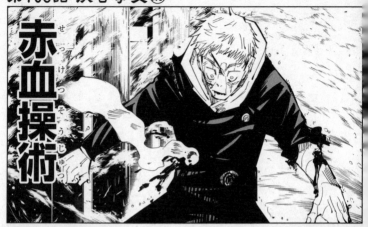

赤血操術

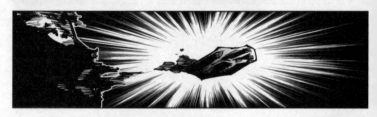

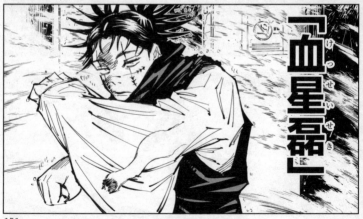

「血星磊」

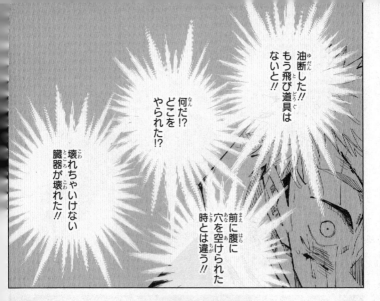

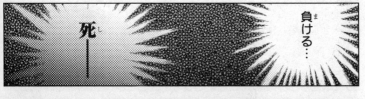

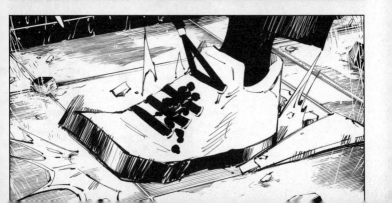

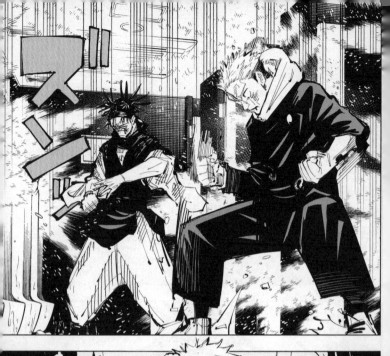

ズ

ズ

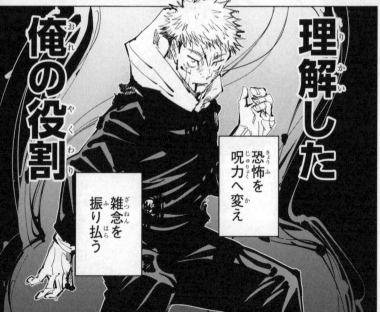

理解した

俺の役割

恐怖を
呪力へ変え

雑念を
振り払う

伏黒が釘崎が
ナナミンが

先輩達も
皆

ここを通って
五条先生の所へ
行ける様

死んでも

コイツを
戦闘不能にする

五条先生を
助けるのは

俺じゃ
なくていい

ゴポッ

三発だ
たったの三発

ガードしたものを
除いて
俺が喰らった
虎杖の打撃

それが
ここまで……!!

パキッ

ズキン
ズキン

「血星磊」は硬度だけ
「穿血」程の速度も
威力もない

不意打ちでなければ
貫通させることなど
出来なかっただろう

赤血操術は通常
「血星磊」のように
血を凝固させる

「血刃」も輪郭を定め
血液を高速で回すことで
殺傷力を高める

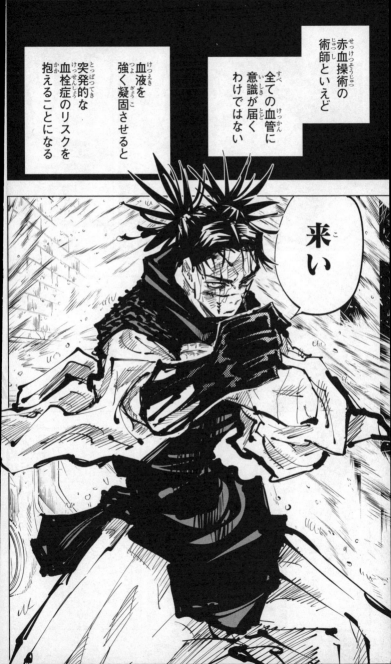

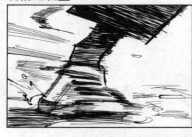

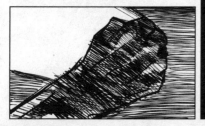

虎杖悠仁という
リスクの方が

遥かに大きいと
脈相は判断した

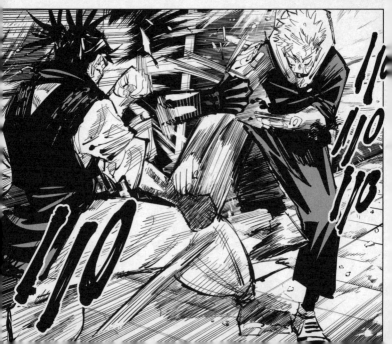

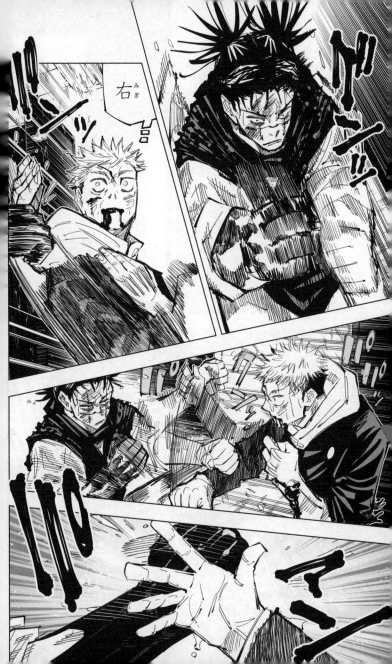

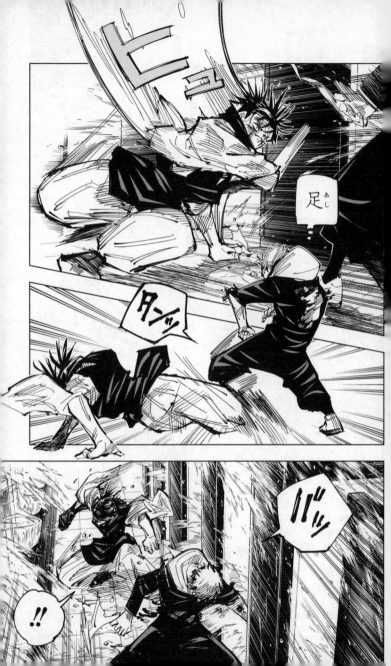

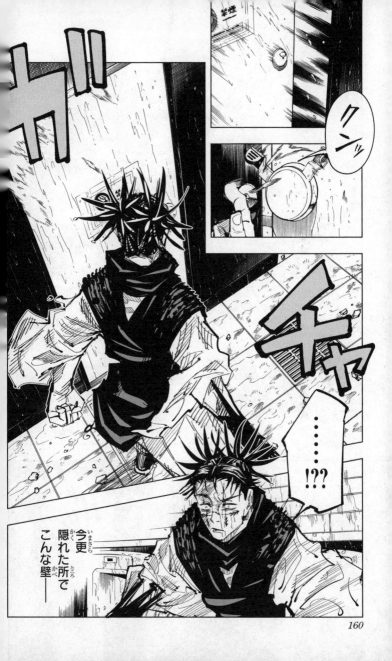

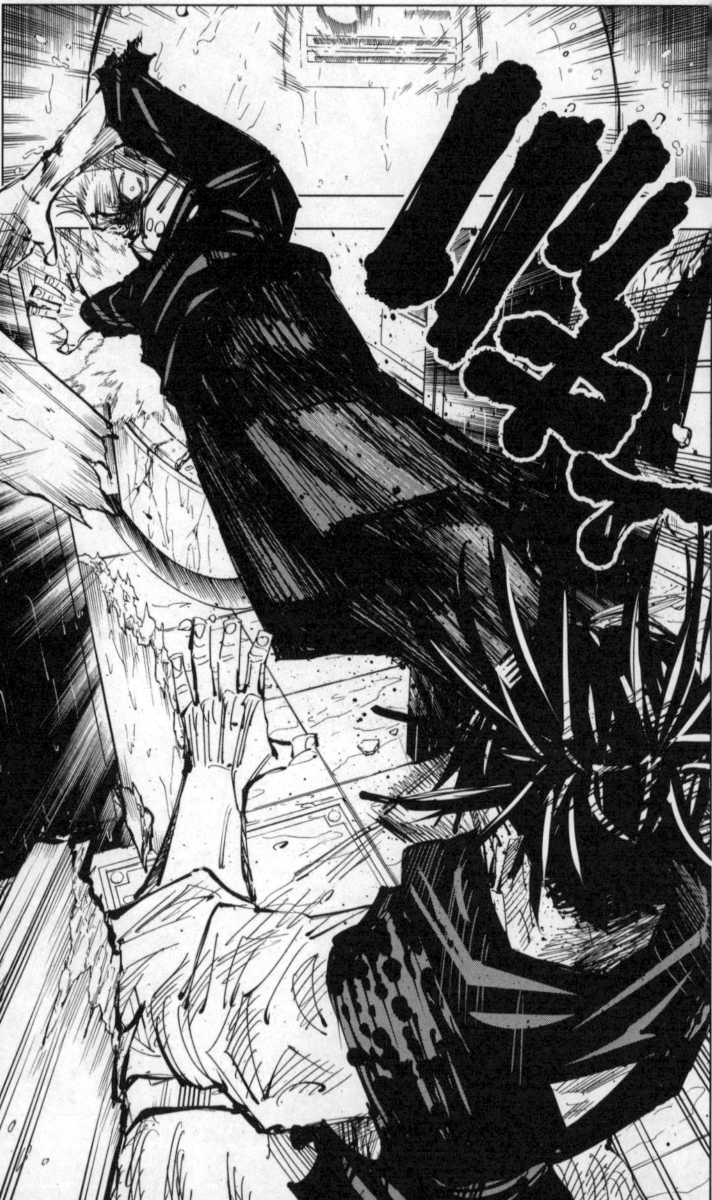

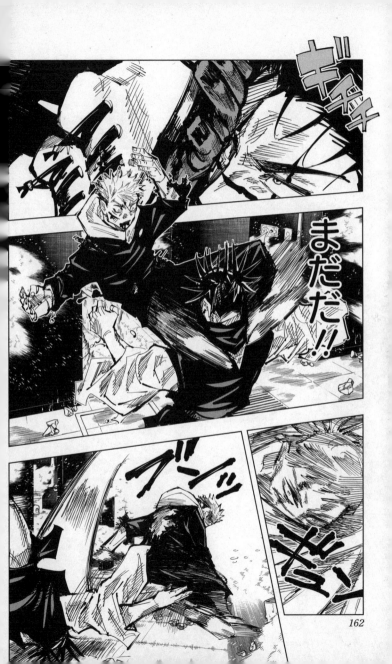

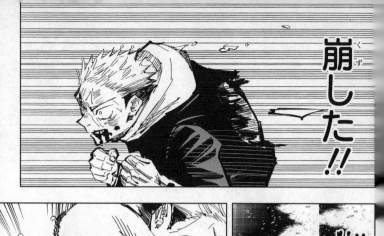

崩した！！

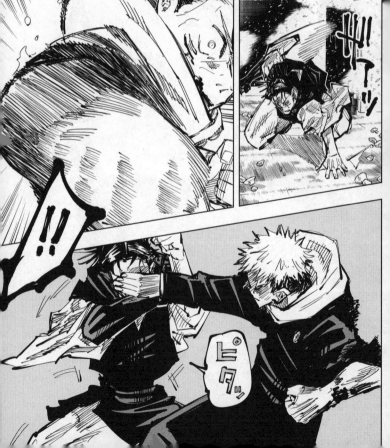

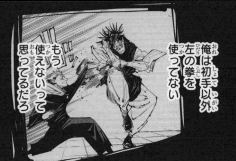

俺は初手以外
左の拳を
使ってない

もう
使えないって
思ってるだろ

だから
右を囮にした
この一撃は

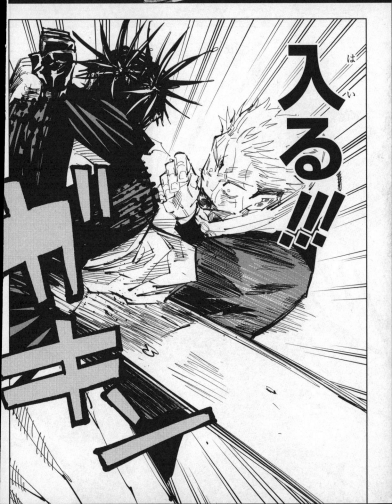

入る！！！

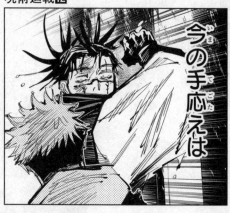

今の手応えは

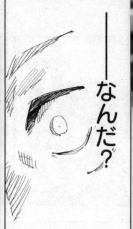

——なんだ？

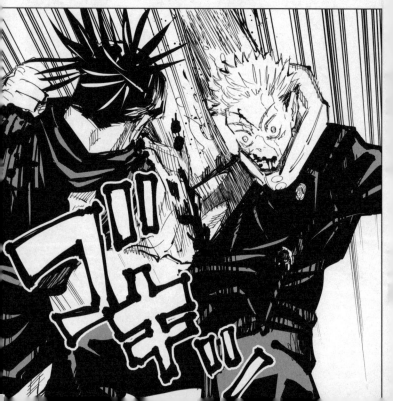

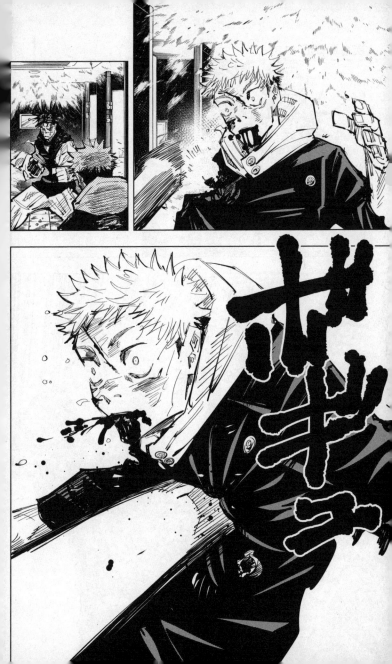

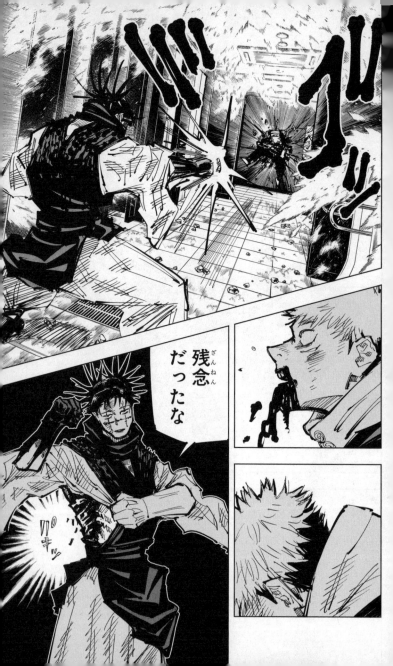

残念<ruby>ざんねん</ruby>だったな

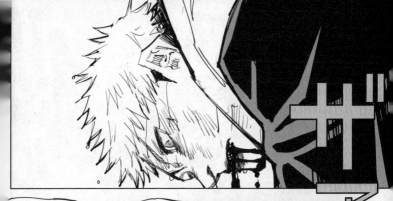

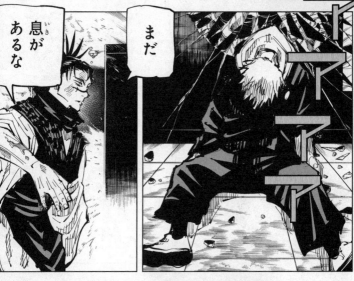

まだ

息があるな

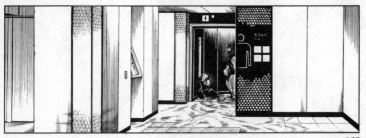

168

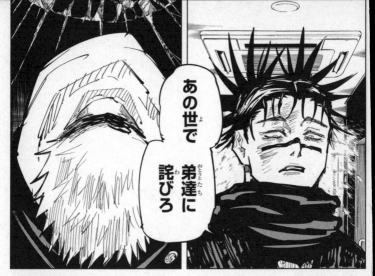
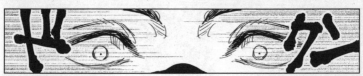

いつか言おうと思って放ったらかしになっていた設定⑦

・赤血操術補足

赤血操術では血液を
1つの臓器のように認識しています。
なので「血星磊」のように血液を固めると
体内の血液も固まりやすくなってしまいます。
同じ理由で血液を熱湯のようにしたり
凍らせたりして使うのもリスクが高すぎて
できません。

あの世で

弟達(おとうとたち)に詫(わ)びろ

下(くだ)らん

この程度(ていど)の下奴(かど)に負(ま)けるとは

第(だい)106話(わ)
渋谷事変(しぶやじへん)24

・・・・・・?

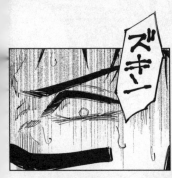

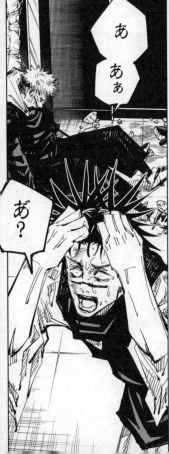

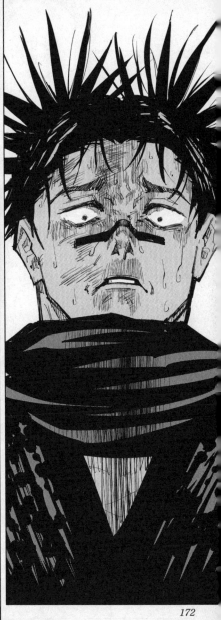

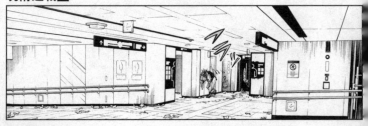

突如
脹相の脳内に
溢れ出した

存在しない記憶

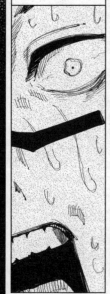

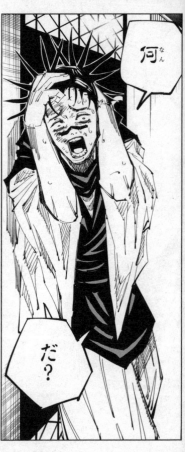

何

だ？

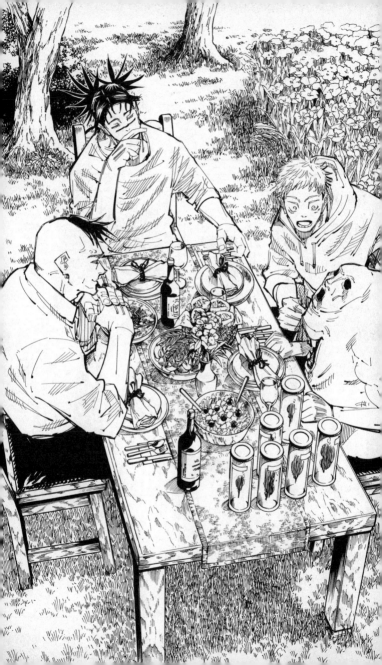

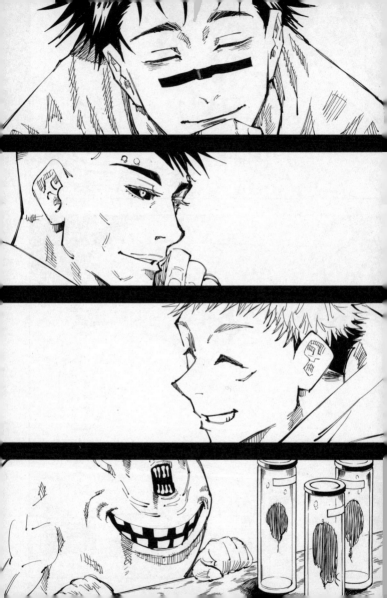

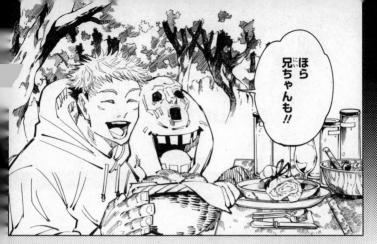

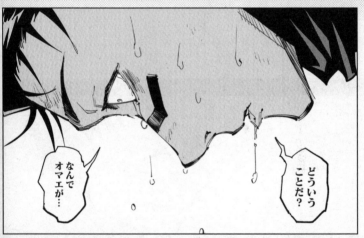

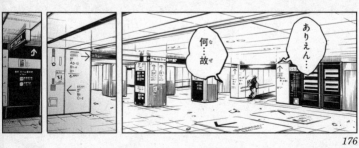

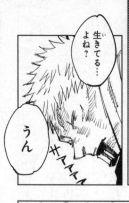

生きてる……
よね？

うん

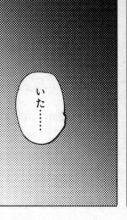

いた……

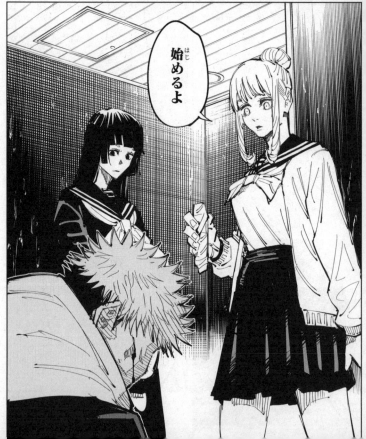

始めるよ

22:20
井の頭線 渋谷駅
アベニュー口

五条悟が……封印か……狐につままれたようだ

俺としてはこのまま五条家の衰退を肴に一杯…

やる気がねぇなら帰れよ

私もですただ偽物とはいえ夏油さんが絡んでるその辺りに種があるのかと

178

帰れ……か
それは真希の方だろ

なあ
七海1級術師殿

真希さん

これに関しては
直毘人さんの
言う通りに

飲んれらいよ

アルッ

飲んでるん
ですか?

酔っ払いよりは
役に立つさ

一人の方が
マシだった
なんてことは
ないよな……

ええ

七海サン

!!

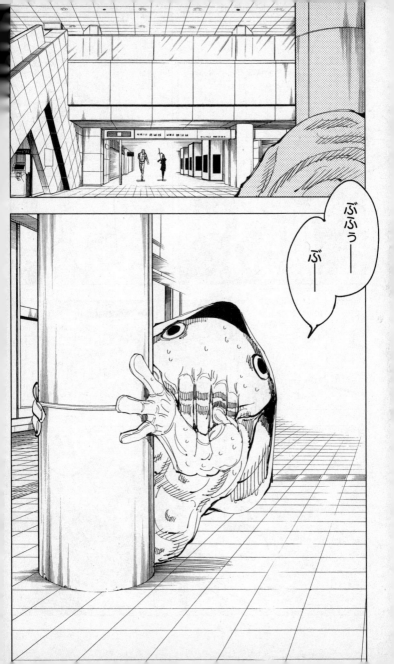

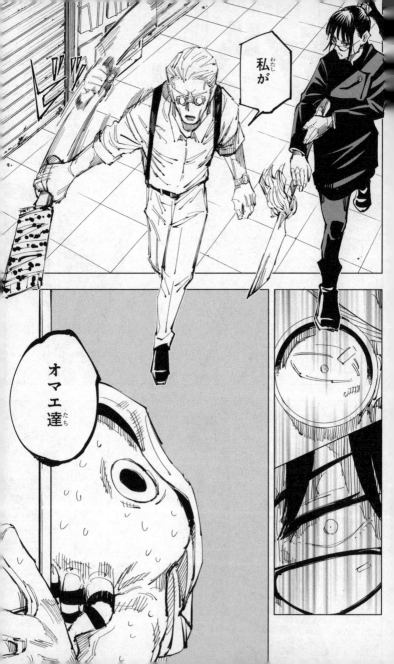

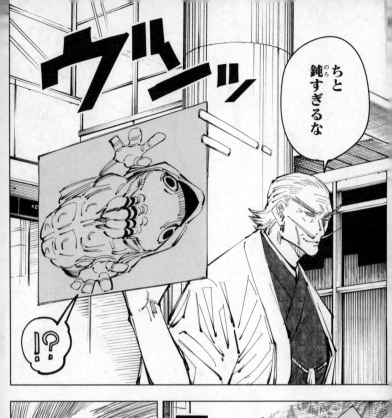

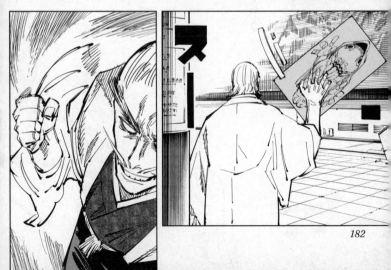

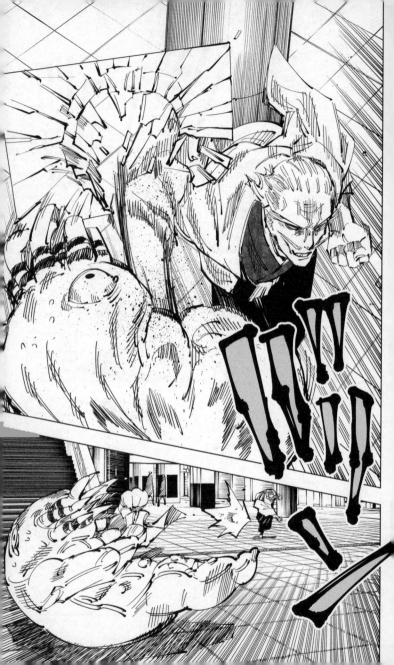

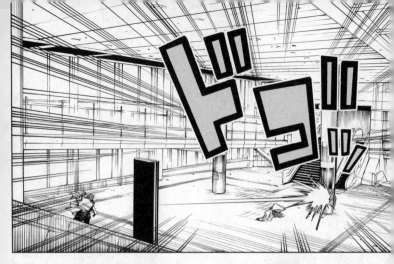

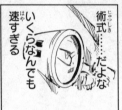

いくらなんでも速すぎる

術式……だよな

…いぇ

見えました？

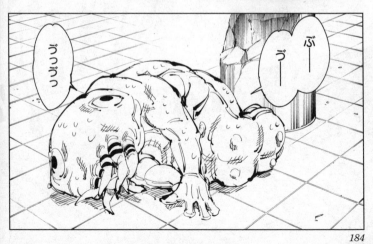

づっづっ

ぶ

づーー

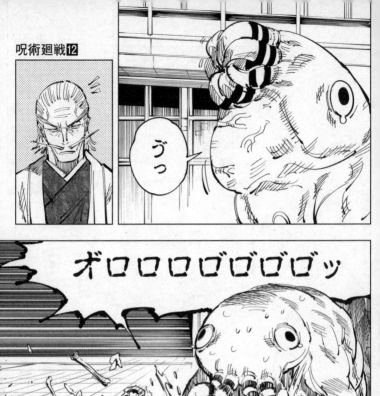

呪術廻戦 12

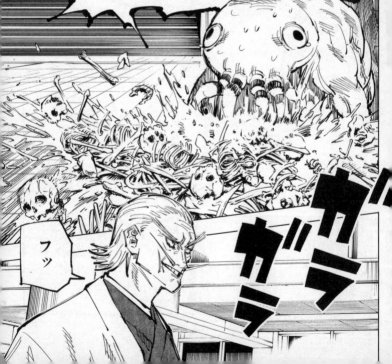

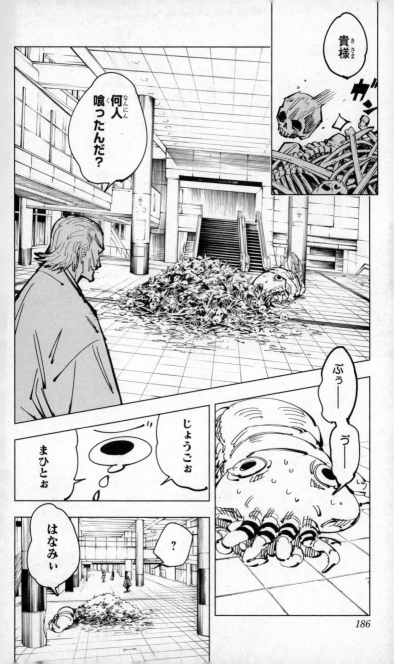

186

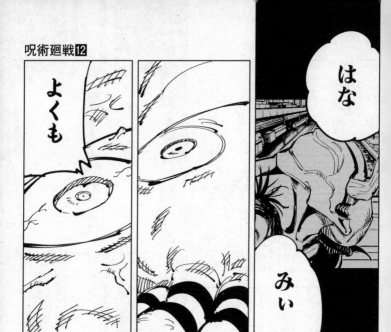

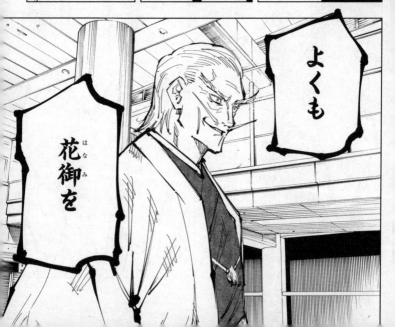

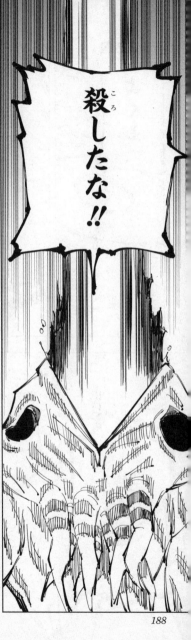

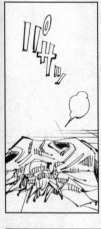

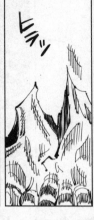

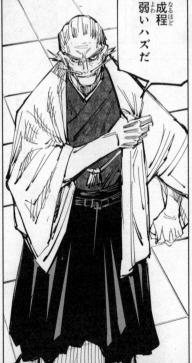

殺したな!!

成程　弱いハズだ

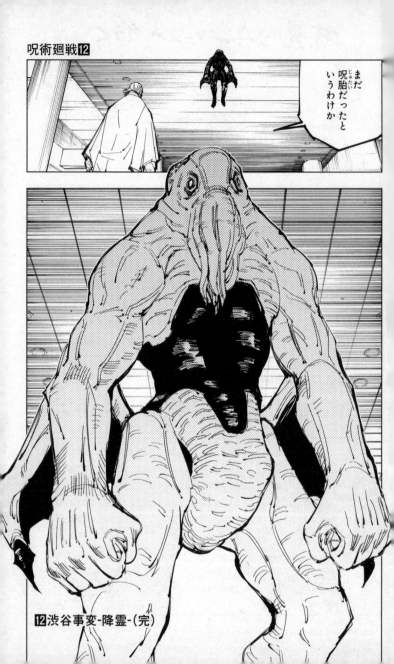

芥見 ジャンフェスへ行く

2019年 年末のお話

自意識のお話で
顔出しなし
体出しなし
箱に入って声と
手元のみで
JFのSSに
出演しました

Zepp仙台より広い

出演前に
各お偉いさん方の
靴を舐めて回る

福満先生
リスペクト

ペロ
ペロー

ペロ
ペロー

出演前に声優さん達と
控え室で
少しお喋り

オタクを
出さないよう

ケツに力を入れる
芥見

グッ

秒でオタクを出す芥見を
優しく向かえ入れるメインキャスト

アベンジャーズで
お二人は既に
共演されてたん
ですよね?

内田さんは別のステージへ

榎木さん スパイダーマン

瀬戸さん

中村さん キャプテン・アメリカ

190

初代担当
山中さんにソックリな
編集さんに会う

可哀そうに…

マジで似てるな……

え
なんすか!?

本物の
山中さんにも
会う

生きてたん
ですね

生き
とるわ

見てんで
活躍

草葉の
陰からね

殺すぞ

帰る前に
コスプレエリアを
通る

鬼滅
多いな―

多分 読者の人に
話しかけられる

その呪術の
ステッカーって
どこで配って
ますか?

あちらです

スタッフに
なりきる

おわり

191

■ジャンプ コミックス■

呪術廻戦⑫

渋谷事変-降霊-

2020年8月9日 第1刷発行	2020年12月20日 第5刷発行

著 者　芥見下々
　　　　©Gege Akutami 2020

編 集　株式会社　ホーム社
　　　　〒101-0051 東京都千代田区神田神保町3丁目29番 共同ビル
　　　　電話　東京　03(5211)2651

発行人　北畠輝幸

発行所　株式会社　集英社
　　　　〒101-8050 東京都千代田区一ツ橋2丁目5番10号
　　　　　　　　　03(3230)6233(編集部)
　　　　電話　東京　03(3230)6393(販売部・書店専用)
　　　　　　　　　03(3230)6076(読者係)

製版所　株式会社　コスモグラフィック

印刷所　図書印刷株式会社

造本には十分注意しておりますが、乱丁・落丁(本のページ順序の間違いや抜け落ち)の場合はお取り替え致します。購入された書店名を明記して、集英社読者係宛にお送り下さい。送料は集英社負担でお取り替え致します。但し、古書店で購入したものについてはお取り替え出来ません。本書の一部または全部を無断で複写、複製することは、法律で認められた場合を除き、著作権の侵害となります。また、業者など、読者本人以外による本書のデジタル化は、いかなる場合でも一切認められませんのでご注意下さい。

ISBN978-4-08-882381-2　C9979　　　　Printed in Japan

■初出/週刊少年ジャンプ2020年15号〜24号掲載分収録
■編集協力/由木デザイン
■カバー、表紙デザイン/石野竜生(Freiheit)